JN039148

ファイナンシャルプランナー・YouTuber
ミニマリストゆみにゃん

KADOKAWA

はじめに

「お金の不安から解放されて、幸せになりたい！」

「つらい仕事を辞めて、好きな仕事をして暮らしたい！」

「今は貯金ゼロだけど、いつか1000万円貯めたい！」

「お金がたくさんあったら、いろんな国へ旅したい。目指せ、世界一周！」


そんな願いはありませんか？

でも、そんなの夢のまた夢……そう思っていませんか？


私は、YouTubeにて節約・お金の増やし方を発信している、ミニマリストゆみにゃんと申します。20代で結婚しましたが、マイホームの購入直後に離婚して貯金ゼロに転落！　その後は詐欺や恋人の裏切りで総額800万円を失いました。

そんなどん底からミニマリストに目覚め、節約をスタート。**5年で1000万円が貯**

まり、36歳の現在では4000万円の資産を築き上げました。

本書では、その資産を築くために実践した、日々の節約テクニックを紹介します。

浪費家でもお金の不安をなくすことはできる!

「ケチケチ節約しているけど、赤字を出さないのが精一杯。お金なんて貯まらない」という人は多いでしょう。特に、昨今はあらゆるものが値上げラッシュ。いろいろ工夫して節約しても、苦しいだけでお金が思うように貯まらないですよね。

また、節約の反動でストレスがたまり、物欲が爆発して散財してしまうのも、よくあること。結果、家にはお金ではなく買ったのに使っていないモノがあふれています。

そんな失敗をしてしまうのは、正しい節約方法、物欲の抑え方、お金の使い方・増やし方について知識がないから。**実は節約は雰囲気でやるものではなく、スキルだったのです!** 正しい知識で実践して初めてスキルが身に付いてお金が貯まります。

そんな私も、20代の頃は散財モンスターでした。その原因はストレス。残業が月１７０時間を超えており、旦那（当時の彼氏）は浮気をし、そのたびに私のせいにしました。その結果、ホルモンバランスを崩して生理が止まり、顔中がニキビだらけに……。そのストレスで、とんでもない買い物依存症になっていきました。

テレビドラマのセレブに憧れて、女子会や結婚式などがあるごとに服を新調。

さらに、友達よりも早く結婚したくて25歳で婚約し、ハワイで豪華な結婚式を開催しました。そのままワイキキで爆買いし、帰国後は銀座に５０００万円近いマンションを購入。家具をヨーロッパから輸入するなど、散財の限りを尽くしました。

しかし、**テレビドラマのセレブの真似をしても、現実ではどんどん貧乏になる一方**……。むしろお金がないことで不安になり、ストレスが募るばかり……。

結局、結婚生活にも耐えられず、貯金を使い果たした状態で家を出ました。あれだけ命を削って稼いだお金は一体どこにいってしまったのでしょうか？　今、目の前には当時稼いだお金もモノも何一つ残っていません。

その後、自分を変えようと一念発起。**節約を開始し、5年で1000万円が貯まりました。**今では資産4000万円を築きましたが、小さなアパート暮らしで浪費以外の幸せを手に入れています。

どんなに散財しても幸せになれなかった私が、浪費をすることなく幸せを手にしたのです。なんでも人と比べて無駄遣いばかりしていた過去の自分に早く気づかせたかったです。

だって、私たちはお金を使いたいのではなく、幸せになりたいのですから……。

正しいお金の知識と実践こそ不安を消す唯一の道

また、現在私はセミリタイアしてYouTuberとしても活動しています。おかげさまで登録者数11万人（2023年1月時点）を突破し、「お金の不安がなくなった」と、日々感謝の言葉をいただいています！

「クレジットカードのリボ払い地獄にはまって、稼いだお金を全て借金返済にあててきました。そんな僕でも、ゆみにゃんさんの家計簿のつけ方を真似したら、１５０万円あった借金を１年半で完済できました！」（30代・男性）

「50歳目前に離婚を言い渡され、貯金もなく、専業主婦でスキルもなく、絶望して泣いていました。そんなとき、ゆみにゃんさんの動画の通り節約してお勧めの資格を取ったら、すんなり就活に成功！　お金の不安がなくなったら第二の人生が急に楽しくなりました」（50代・女性）

「付き合いから無駄な保険に入りまくっていました。ゆみにゃんさんの交流会で保険について相談したところ、『それはダメ商品！　紹介した人は数十万円もらっている！』と一喝され、目が覚めました。お金を取られる人間関係からも解放され、まともな投資ができるように。今では老後の不安もなくなりました」（40代・女性）

なぜ、今まで何十年もお金の不安の中で暮らしていた人が、そこから解放されるようになるのでしょうか？

理由は、お金の知識を得たから、です。節約の仕方、お金の使い方、お金の稼ぎ方、お金の貯め方・増やし方……。正しいお金の知識を学び、お金との正しい付き合い方を学ぶこと。そうすれば、**お金の不安から解放されるのはもちろん、心とお金の豊かさも手にすることができます。**本書で私が一番お伝えしたいのは、正しいお金の知識と、お金の正しい使い方です。

本書の構成と読み方について

Chapter0では、**貯金の基本**として、私が実際にどうお金を貯めていったのか、25万円のお給料をベースに5年間で1000万円貯め、ゆくゆくは4000万円の資産を築くためのロードマップをご説明します。

Chapter1では、**家賃や光熱費など固定費の削減方法**を教えちゃいます。細かい部分も多いですが、自分でできるところから始めてみましょう！　定期的に見直すことで、思った以上にランニングコストを減らせます。

Ｃｈａｐｔｅｒ２では、飲み会代や洋服代、コスメ代、美容院代など**変動費を見直していきましょう。**

Ｃｈａｐｔｅｒ３は、節約をスタートしてから3年目を見据えた「ポイ活」、そしてＮＩＳＡの始め方や、投資が怖い、面倒なことは嫌いという人向けの「ほったらかし投資」など、**オートで資産が貯まるお金のつくり方**をこっそり教えます。

Ｃｈａｐｔｅｒ４は、**心理学で読み解く「お金が貯まる」メカニズム**についてです。私自身がマキシマリストからミニマリストになり、どれくらいマインドが変化したかを解説していきます。節約できるようになったら、ミニマリストになって貯蓄を加速させましょう！

是非本書で正しい節約・お金の増やし方を知ってください。そうすれば、あなたも１

年後には貯金が100万円増えて、5年後には1000万円、ゆくゆくは4000万円貯めることも決して夢ではありませんよ。

さらに、本書の購入者限定の特典動画をご用意しました！

家計簿のつけ方や証券口座の開設手順の動画もまとめましたので、本書の効果が倍増しますよ。

しっかり貯金ができるようになり、お金の不安が消えれば、つらい仕事を辞めて好きな仕事をすることもできますし、海外旅行も楽しめますからね。苦しい人間関係ともおさらばです！

私は、過去の自分のようにお金で苦しんでいる人を減らしたくて情報を発信し続けていますが、やるかやらないかは、あなた次第です。

変わらなければ、一生、死神のようにお金の不安に付きまとわれ……寝る時も朝起きた時も、美味しいご飯を食べている時も値段が気になり、将来の不安がちらつきます。

そんな不安からは解放されて、お金のためではなく自分のための人生を歩みましょう！

CONTENTS

5年で1000万円を目指す貯金の考え方

浪費家から脱却！「固定費」を見直して節約をマスター

本当に必要なものだけで暮らす「変動費」の抑え方

知らないと損！賢いお金の使い方・増やし方

心理学で読み解く お金が貯まるメカニズム

STAFF
ブックデザイン　藤塚尚子（etokumi）
編集協力　ライターハウス
DTP　エヴリ・シンク
校正　鷗来堂
編集　杉山 悠

※本書で紹介している投資信託や保険商品、節約にまつわるコツなどは、あくまでも著者の独自の知見からお勧めしているものです。確実に利益が得られることを保証するものではありません。本書で紹介した商品を購入して損失を被っても、著者および出版社は一切の責任を負いかねます。

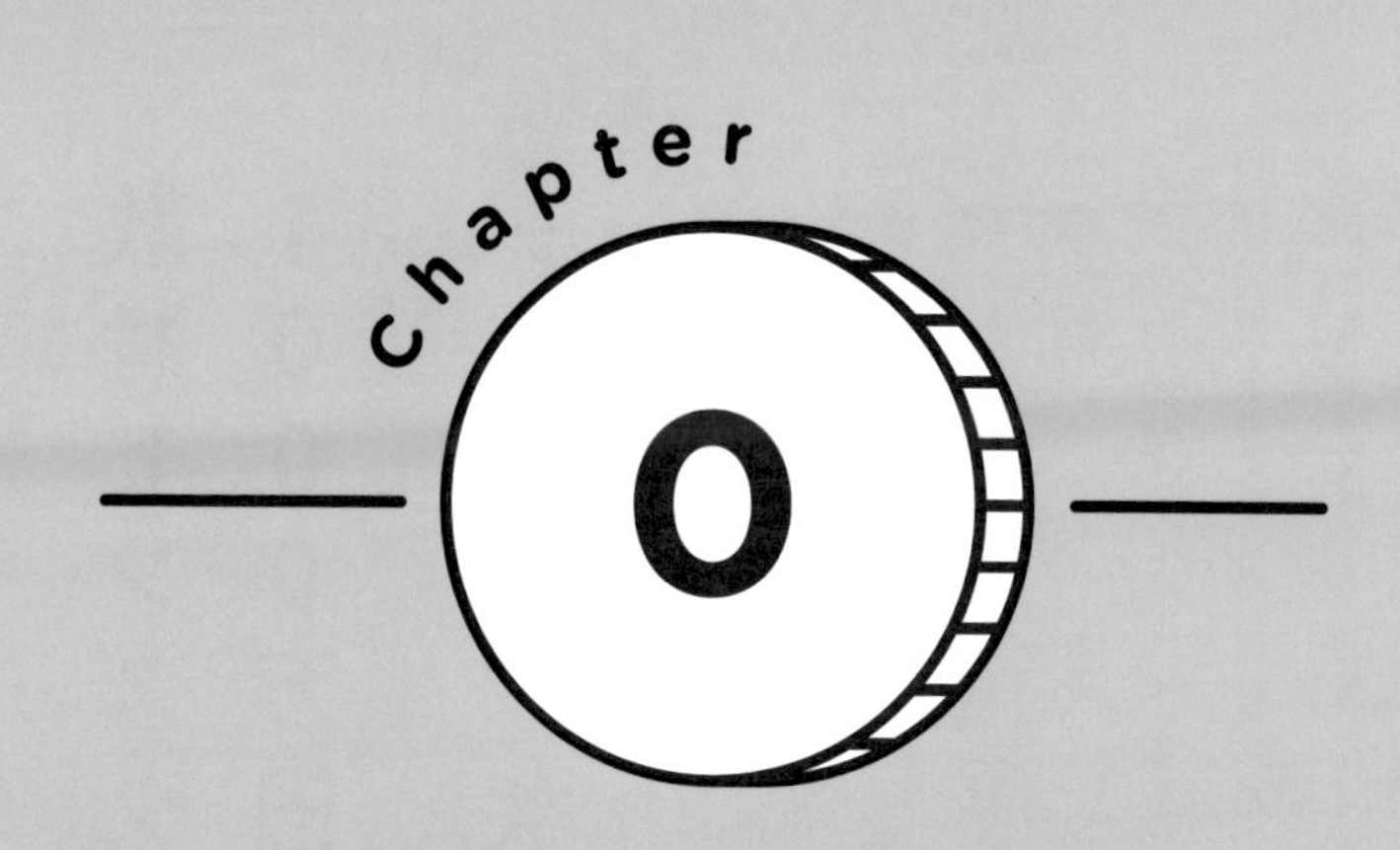

5年で1000万円を目指す貯金の考え方

散財モンスターが5年で1000万円貯めた方法

私は節約を始めて**最初の5年間で1000万円貯めました**（現在は資産4000万円突破）。資産の推移は、左のグラフを見てください。

この期間に起きた、お金に関する主なイベントは次の通りです。

- 27歳　マイホーム購入直後に別居で貯金ゼロへ転落
- 28歳　節約を始め、初年度は100万円の貯金に成功！
- 29歳　家計簿をつけ始める。2年目は1年で200万円の貯金に成功！
- 30歳　企業型確定拠出年金を開始。仮想通貨と情報商材で120万円を失う。
- 31歳　NISAで投資を開始！　生活費を出していた恋人にだまされる。
- 32歳　転職で年収アップ。不動産投資詐欺に遭うが、資産1000万円達成！

ゆみにゃんの貯金ヒストリー

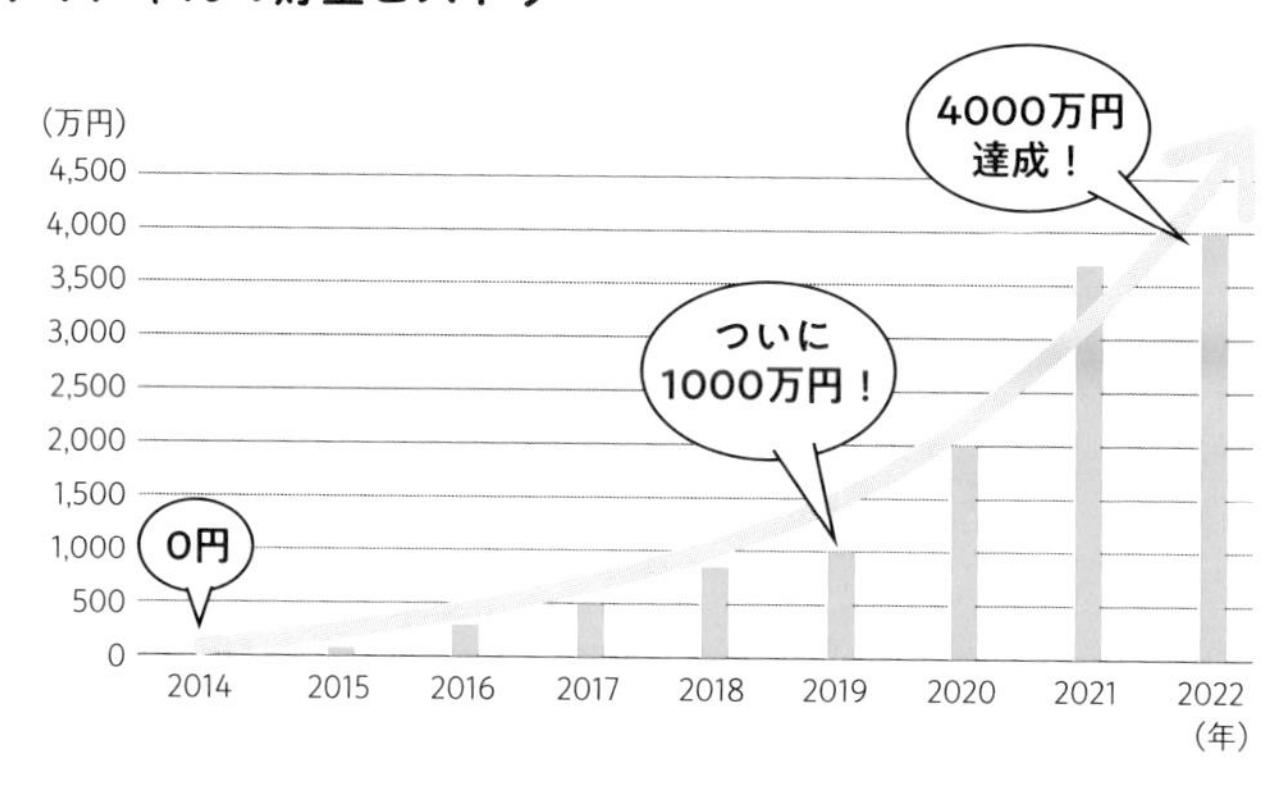

- 33歳　半分の家賃の家に引っ越し、副業も軌道に乗り資産2000万円に！
- 35歳　副業や投資でついに資産4000万円に到達！

このように、離婚、転職、詐欺被害など、私の資産形成の道のりは決して順風満帆とは言えないものでしたが、**それでも5年で1000万円、8年で4000万円の資産を築くことができました。**

あなたも、本書の内容を一つひとつ実行していくことで、1000万円貯めることも夢じゃありません。

POINT
工夫しだいで1000万円は貯められる！

収入と貯金の内訳モデル

5年間で1000万円貯めるまでを見ていきましょう。

お給料の全てを使い切っていたスタートから、まず1年目は日々の**節約で毎月9万円を貯金に回す**ところまで持っていきます。

節約が習慣化できた人には、**さらに貯金スピードを加速するための「ポイ活」や、収入アップを目指して転職、副業に挑戦する節約3年目のプランを紹介します。**

うまくいけば、**年間200万円以上貯めることも夢ではありません！**

副業は、稼げるようになるまでに時間はかかりますが、一度稼げるようになればどんどん収益が増えますから、もっと早いペースで資産が増える人もいます。

貯金イメージ

■節約開始〜2年間のモデル

手取り月25万円
ボーナス年間50万円
生活費月16万円（家賃込み）
年間貯金額158万円（毎月9万円+ボーナス全額を貯金）

■節約3年目のポイ活、転職、副業を実施したモデル

手取り月30万円
ボーナス年間60万円
生活費月16万円（家賃込み）
年間貯金額228万円（毎月14万円+ボーナス全額を貯金）

さらに、稼いだお金は投資に回すことで、ほったらかしで増やしていくことも可能です。

ですから、**手取りが20万円の人は10年程度で、手取り25万円の人は5年程度で1000万円が貯められるようになります。**

POINT

あなたが5年で1000万円貯めるロードマップを描こう！

月5万円もオートで貯まる！先取り貯金法

誰でも確実に貯金できるようになる一番簡単な方法は、**貯蓄したいお金を初めから別の口座に分けて「なかったもの」とし、残ったお金の範囲内で暮らすことです。これを「先取り貯金」と言います。**

私の周りでは、社内預金や財形貯蓄、定期預金、給与口座を分けて先取り貯金し、就職1年目から100万円、5年目で400万円を貯めている同級生が何人かいました。

自動でお金が貯まるという魔法のような「先取り貯金」の具体策を紹介しましょう。

- A銀行とB銀行を両方、給与口座に設定する

一番簡単だが、会社によって複数指定できない、特定の銀行に対応していない場合も。

● 給与口座をA銀行にし、そこから自動でA銀行の定期預金かB銀行に入金設定をする。定期預金は解約しない限り取り出せないので貯まりやすい。

● 会社の社内預金制度を利用

社内預金制度とは、希望者が給与やボーナスの一部を会社に預け、会社が従業員の貯蓄金を管理する制度。会社側は給与やボーナスから一定額を天引きして運転資金などに活用し、社員へ利子をつけて返す。

一般金融機関より利息が高いが、会社が倒産すれば、利子はもちろん元本さえ戻ってこないリスクあり。どこかのタイミングで銀行に移しておいた方が安全。

● 会社の財形貯蓄を利用する

目的を問わない**「一般財形貯蓄」**と、住宅購入やリフォーム目的の**「財形住宅貯蓄」**、老後資金目的の**「財形年金貯蓄」**がある。財形住宅貯蓄と財形年金貯蓄は、合わせて元利合計550万円までは利息が非課税だが、使用制限があるので注意。

一般財形が使いやすいが、金利面では銀行の定期預金とあまり変わらない。

このように、仕組みで解決してしまえば、意外とお金は貯まっていきます！　**まずは先取り貯金で、月5万円が自動的に貯金されるように設定しましょう。**

Chapter1以降は、先取り貯金で貯めた5万円のほか、月々の貯金額をさらに4万円増やして、**月々9万円の貯金をするための具体的な節約テクニックを紹介していきます。**

節約の鉄則は、家賃や住宅ローンの返済、生命保険や損害保険の保険料、通信費など、**毎月必ず決まった金額の支出が発生する「固定費」を見直すこと。**

しかし、見直しをしようにもそもそもいくら使っているのかがわからないと始まらないので、Chapter1ではまずそれを把握する方法から見ていきましょう。

POINT

先取り貯金を設定しオートで貯める！

浪費家から脱却！
「固定費」を見直して
節約をマスター

家計簿アプリで年間100万円貯めるコツ

ほとんどの人は、節約しているつもりで浪費しています。節約はスキルなので、なんとなくやるものではなく、**節約に成功している人は必ず家計簿をつけています。**

家計簿と聞くと、レシートと睨めっこして計算するイメージがあるかもしれません。しかし、今ではスマホで簡単に家計簿がつけられます。

「支出管理」で検索するとさまざまなアプリが出てきますので、自分が使いやすそうなものを1つ選んで始めましょう。使い方は以下の通りです。

①月の予算（目標金額）を入力する

家計簿アプリは、月の予算を費目別に入力できるものがお勧めです。そこに現状の月の支出額を入力します。**クレジットカードの明細などで確認し、どうしても金額が不明な部分は大体でOKです。**

次に、手取り収入から先取り貯金5万円を引いた金額を目標金額とします。先ほどの支出合計と照らし合わせると、支出がオーバーしていると思いますので、予算内に収まるよう、削れるところの見直しを行います。

他の人の支出をネットで検索して、参考にしてもいいですね。

②毎日買い物のたびに入力する

予算を決めたら、毎日の買い物のたびにアプリに支出を入力しましょう。レジでは常にスマホアプリを開いておき、支払いをする際、ついでに入力すると便利です。もちろん、ネットで買い物をした際にも入力します。

③1ヶ月の経過を見ながら毎日調整する

入力を進めていくと、計画した予算よりはみ出るところがどうしても出てきますよね。そうしたら合計金額が変わらないように、他のまだ支出していない項目を調整するのです。例えば、交際費が嵩んでいたら美容院は来月にする、雑費は抑える、残りの期間は自炊するなど。

④自分が譲れないもの、譲れるもので予算のバランスを取っていく

２ヶ月目からは、自分がお金をかけたいものに優先度をつけて予算を組み直していきましょう。優先度が低いものは、以降で紹介する節約テクニックで徹底的に支出を抑えていきます！

特に、現代人の必需品であるスマホの通信費は削減の余地が大きいので、スマホの通信費を安くする方法から見ていきましょう。

POINT

スマホアプリで楽しく簡単に家計簿がつけられる時代になった！

スマホ代を2000円にするキャリア選び

スマホの通信費が大手キャリアで月1万円かかっている人は要注意！　格安SIMや格安プランが浸透してきているので、**今は1000〜3000円程度に抑えられます。**

そもそも日本は諸外国と比較して携帯電話の通信費が高いことが問題視されていました。これに菅前総理がメスを入れて、各社が適正価格のプランを用意しました。

結果、回線速度や通信量を我慢せず費用を抑えることができるようになったのです！

月々のスマホ代を安くするには、格安SIMと、大手キャリアの格安プランを使う手があります。格安SIMの方が安いですが、通信量の上限が低く速度は大手SIMには劣ります。なので、格安SIMは自宅にWi‐Fiがある人や移動先で大きなデータのやりとりをしない人向けです。

格安ＳＩＭの中では２０２２年12月現在、**日本通信が１ＧＢまでで月額２９０円。通話オプション70分追加でも９９０円と安くて使い勝手が良く、最適解です！**

次に、大手キャリアの場合です。費用はピンキリですが、通信速度や電波の安定が望めます。具体的には、外出中繋がりにくいと困る人にお勧めです。

まず、２０２２年12月現在、**ほとんど外でネットを使わないならａｕのｐｏｖｏ（ポヴォ）が最安です。なんと基本料０円です！（通話は有料）**。ただし、１８０日間以上有料トッピングの購入がない場合、利用停止または契約解除となる場合がありますので、どこかで課金が必要です。

通信速度が１２８ｋｂｐｓと格安ＳＩＭよりも遅いですが、ネット検索やＬＩＮＥは使えます。動画視聴は厳しいので本当に最低限ではあります。

外出先でも速度や通信量を求める場合は、ｄｏｃｏｍｏのａｈａｍｏ（アハモ）が20ＧＢで２９７０円。国内通話は5分まで無料です。

楽天回線の届くエリアであれば、楽天モバイルが20GBまで2178円、通信量無制限で3278円、さらに専用アプリで通話無料です。ただし、楽天は地下やコンクリートに囲まれた場所では圏外になりやすいのが難点ですね。

結論は、最安にしたい人はpovo。バランスがいいのは日本通信。通信速度を確保したい人はahamoか、楽天回線エリアなら楽天モバイルです！

解約金が怖いですか？　安心してください。**法改正で解約金が取られなくなったので、**サービスや料金が変われればそれに合わせて乗り換えましょう。

POINT

スマホの通信費は月1000～3000円程度になる

自宅のWi-Fi料金を最安値にする方法

自宅Wi-Fiで月1万円ほどかかっていませんか？　こちらも見直しましょう！

まず、一人暮らしで通信量が少ない人や速度にこだわらない人は、固定回線ではなくテザリングがお勧めです。

テザリングは携帯の電波を使ってPCなどの他の端末でインターネット通信を使う方法です。楽天回線エリア内の方なら、**楽天モバイルだと通信量無制限で月額3278円で使えます。**楽天回線が入らない場合は**ahamo大盛りにすると、月に100GBの容量が利用でき、4950円です。**

リモートワークの方や家族も利用する場合は、固定回線にしましょう。

ただし、集合住宅だと、VDSL方式といって、建物内の共用スペースまでは光ファイバーが使用され、共用スペースから各部屋までは電話回線を使って接続する方式の場合があります。

これは速度が遅く固定回線を引くメリットが低いので、事前に回線事業者に確認しましょう。また、VDSL方式から光配線方式に変更するには、大家に配線工事をしてもらう必要があり費用がかかるので難しいです。

他には3階まででベランダの外側に電線がある部屋の場合、一戸建てタイプの光回線を自室に引き込む方法があります。こちらも大家の工事許可が必要です。回線業者から工事不可と言われる場合もありますのでご注意ください。

VDSL方式の建物ではなく、**楽天モバイルを契約している場合は、楽天ひかりが1年間無料でお得です！（キャンペーンは変更される場合あり）**。私もこちらを利用していますよ。追加で1万円程度のルーターを購入して、より速度を上げています。

光回線の料金は会社によってそこまで変わらないので、スマホの通信費節約を優先しましょうね。

料金はおおむね戸建タイプ5000円台、マンションタイプ4000円台です。料金が変わらないなら、お得なキャンペーンで選ぶ方法もあります。

例えば、以前auひかりはポイントサイトで10万円近いキャッシュバックを実施していました！

ただ、オプションには要注意です！

最初は安くても、余計なオプションを解約し忘れて金額が上がっていては意味がありません。**オプションの見直しも定期的にしましょうね。**

POINT

テザリング利用が最安！　定期的にオプションの見直しもしよう

賃貸契約時に10万円以上の節約をする交渉術

当たり前のことですが、賃貸住まいの人は、家賃の安い物件に引っ越すことで固定費を大幅に節約できます。

また、賃貸契約時は初期費用の交渉が可能です。**成功すれば10万円ほど安くなることが多いです！** ただ、賃貸契約を行う前でないと意味がないので注意してください。

それと、人気物件や繁忙期は交渉が難しいので、時期をずらしましょう（閑散期は7、8月）。

また、賃貸には一般媒介契約と専任媒介契約があり、前者であれば全国どこの不動産会社でも契約が可能なので、交渉に応じてもらえない場合は別の不動産会社に行っちゃいましょう。

見積もりをもらって次の不動産会社へ、と3社ほど渡り歩けばかなり安くなります。

交渉すべきポイントは次の通り！

初期費用

家賃：周辺相場や他の部屋の家賃がわかれば、それと比較する
前家賃：「フリーレント（一定期間家賃が無料になる）」を付けてもらえないか
敷金：退去時の費用のことなので交渉する必要はあまりない
家賃保証会社：交渉は難しい部分だが、親が保証人になるなら外したいところ
礼金：まれにオーナーに黙って勝手に管理会社がつけている場合もある
仲介手数料：賃料の1ヶ月分としている業者もあるが、「借りる人の同意がない限り0・5ヶ月まで」と、法律で決まっている
鍵の交換費用：「鍵交換は不要」と言えば了承してくれることも
火災保険：自分で加入すれば年間4000円程度になるので、自分で入ろう。指定のものに入らせるのは独占禁止法違反にあたる
24時間サポート：「自分で入る火災保険についているので不要」と断ろう
害虫駆除・消毒：いらないと断ろう

ハウスクリーニング：通常は退去時に敷金から引かれるはずなので、入居時には不要。これを入居時につけている場合は退去時とダブルで取られるケースが多いので注意！　というか交渉せず別の不動産会社に変えた方が無難

このように、法律違反でもこちらに知識がないのをいいことに契約させようとしてくる業者もあります。**一度契約書にサインしたら基本は変えられない**ので、事前にしっかり内容をチェックして交渉しましょうね。

POINT

正しい知識で初期費用はグンと安くできる！

家賃交渉と退去費用でダマされないコツ！

今住んでいる家賃も安くできる場合がありますよ！　近隣の同じ条件の賃貸物件に比べて割高な場合には交渉しやすいです。

交渉時には、「気に入っているので長く住みたい」という意志を伝えるのが大事！

なぜなら、大家としては、退去時のクリーニングや新規入居者の募集広告費と仲介手数料で数十万円の費用がかかるのを避けたいと考えるからです。

引っ越す時の**退去費用は要注意**です。余計な費用を請求されてトラブルになる事例が多いので、きちんと確認しましょう。**立ち会いでサインしたら交渉できないので、立ち会いに参加しないことが重要です。**電話だと誤魔化されてしまう恐れもあるので、やりとりはメールにして証拠を残しましょう！

例えば、6年以上住んでいて、本来は請求できないはずのクロスの張り替え費用を請求されることがあります。**国土交通省が「原状回復をめぐるトラブルとガイドライン」を出しているので、それを理由に交渉しましょう。**

もし、業者から「払わなければ裁判をします」と言われても、裁判費用の方が高くなるので、実施されることはまずないです。また、**「賃貸トラブルたすけ隊」**（※1）というNPO法人があるので事前に確認しておけば安心ですよ。

退去時に高額なお金を払わずに、安い物件に引っ越しできれば、今後の人生でかなりの節約になるのでチャレンジしましょう！

POINT

知識不足で余計なお金を取られていたことに気づこう！

〈参考資料〉

※1 賃貸トラブルたすけ隊 https://www.t-toraburu.com

電気代を安くするにはアンペア数を下げよう

そもそもの基本料金や料金プランを見直す方が効果的です！

電気代は基本料金が占める割合が大きいので、まずはそこから見直しましょう。契約アンペア数を下げることで基本料金が下がるのは知っていますか？

1人暮らしの場合は15～20Aが目安です。IHコンロとエアコンの同時利用がある場合や、寒冷地の場合は、30Aは必要です。

契約アンペア数を変更したい場合は、契約している電力会社へ連絡をして申し込みを行います。

電力会社によってはアンペア数の変更ができない場合もあるので、電力会社へ確認しましょう。

さらに、電力自由化により電力会社を乗り換えることで節約が可能になりました。**電気代とガス代をセットにすることで安くなる場合も多いです。**電気とガス合わせて比較できるエネチェンジのサイト（※1）で確認しましょう！
ただし大型マンションで一括受電契約を結んでいる場合、変更できないこともあります。

POINT

電気代をこまめに節約するよりも料金プランの変更が効果的！

〈参考資料〉
※1　エネチェンジ https://enechange.jp

電気の基本料金

10 A	286円
15 A	429円
20 A	572円
30 A	858円
40 A	1144円
50 A	1430円
60 A	1716円

引用：東京電力（2023年1月時点）

ガスの基本料金を下げる方法

ガスには「都市ガス」と「プロパンガス（LPガス）」の2種類の供給方法があり、自由化されているので乗り換えで安くなる可能性があります！

ただし、プロパンガスの場合は、**大家とLPガス会社が契約していることも多く、その場合は個人で変更することが難しいです。**実は、プロパンガス会社は給湯器を無償で交換するなどさまざまな無料オプションをつけて大家との契約にこぎつけています。そのサービス分を入居者から回収しているというわけ。そうした事情もあって、プロパンの料金は都市ガスの2倍近く、寒冷地ではさらに高額に……。

結論としては、都市部なら**プロパンガスの賃貸物件は避けた方が無難**ですね。

プロパンガスでも持ち家（戸建て）なら安い会社に替えましょう。次に示すようにプロパンガスでも都市ガスとそこまで変わらない値段設定の会社もあります（※1）。

おおよその月々のガス料金比較

平均価格のプロパンガス代：10000円
適正価格のプロパンガス代：7000円
都市ガス代：6000円

お住まいの物件が都市ガスなら、個人でガス会社の変更が可能です。電気とガスを契約することで年間1000円ほど安くなる会社も多く、電気代同様、見直しましょう。

POINT

プロパンガスは高い！　都市ガスの見直しは電気代とセットで！

〈参考資料〉
※1　一般社団法人プロパンガス料金消費者協会 https://www.propane-npo.com

サブスクを安くする裏技

あなたは月いくらサブスクを契約していますか？

私のチャンネルでアンケートをとったところ、2000円未満が最多。 それ以上かかっている人は早速見直しましょうね。

まず、似たようなサービスは1つにまとめます。次に挙げるものは、余暇時間の奪い合いなので1つずつにしてしまいましょう。あなたの時間は限られていますから。

サブスクの一例

- 動画配信：Netflix、Hulu、Amazonプライム、DAZN、dアニメストア等
- 読書：オーディブル、kindle unlimited、各種漫画サイト等

世の中には同じものを安くする方法があるので**「サービス名　安くする方法」で検索してください。**

アプリから契約するよりも、ブラウザから契約するだけで30％安くなったり、VPN（公衆回線を用いて通信内容を暗号化する仕組み）を使って海外通貨で決済することで大幅に安くなったりします。

そのほか、学生になって安くできる裏技もありますよ！

世の中にはさまざまな学割があり、学生証を提示するだけで、いろいろな商品やサービスが学割料金で利用できます。

社会に出たあと改めて学び直したいけれど、通学は無理、場所や時間に縛られず自分のペースで勉強したいという人には、**放送大学がお勧めです。**

放送大学は通信制の大学で、入学試験はなく、学士、修士、博士などの学位を取得可能です。全科履修生は、学位取得を目指すもので、2年に1科目（1単位）の履修のみで最長10年間在籍できます（費用は入学料2万4000円。1科目の授業料は5500

円。2年間で1科目を履修して10年間在籍した場合の授業料は10年で2万7500円)。
もちろん、在籍中は大学生として、各種の学割を利用できます。

ジム、ヨガ、英会話などの習い事も、見直しです。あまり通えていない、自分にとって必要性が薄くなったものは即解約を!

また、ジムやヨガも安くする方法があります。

私は長年ヨガやジムに通っていますが、健康保険や職場の福利厚生で割引されるものを使っていたときは1回500円でした。

会社や健康保険の福利厚生のHPを隅から隅まで探したり地域の広報誌をチェックしたりして、お得なサービスを見つけましょう。

POINT

サブスクを安くする方法を探そう!

クレジットカードで200万円分のポイントをゲット

「現金じゃないと不安。クレジットカードは使いすぎてしまう……」
「クレジットカードが山のようにあって管理できていない。これ、お金かかってるの？」

クレジットカードとの上手なお付き合い、できていますか？

実は私、クレジットカードでこれまで200万円分のポイントをもらっちゃいました！ そんなにもらえるなら、クレジットカードとの付き合い方を見直してもいいと思いませんか？

クレジットカードで購入すると、ポイントが還元されます。この還元率は高いもので1％程度です。しかし、私は10～20％程度のポイントを獲得しています。

その秘密は楽天カードです。楽天は関連サービスを組み合わせることで楽天市場のお買い物ポイントが増えます。**楽天カードもその一部で、これにより楽天市場での買い物のポイント還元率が10〜20％程度に増えるのです！**

なので、大学生の頃から楽天カードを愛用している私は、これまで200万円分のポイントを獲得できました。

楽天カードの場合は、楽天市場以外の街でのお買い物でも1％のポイント還元率で、さらに毎月のようにポイントが2倍になるキャンペーンを行なっています。

そのため、一番ポイントが貯まりやすいカードとして人気です。

楽天カードの特徴は次の通り。

楽天カード（年会費なし）

- 基本還元率が1％（100円＝1ポイント）と高還元率！
- 楽天キャッシュへのチャージで楽天ペイ払いと、ポイントカード提示で還元率最大2・5％にアップ

- 楽天市場でお買い物マラソン期間と組み合わせて10～20％程度の還元
- 楽天ふるさと納税をすれば、寄付した納税額に対してもポイントがつくので住民税の支払いでポイントがつくのと同様になる
- 楽天証券では月5万円までクレジットカード積み立てができ、積立額に対して0・2％ポイントがもらえる

カードの使いすぎが心配になるかもしれませんが、それは家計簿アプリで解消できます。

なお、一般的なクレジットカードは、**2年目から年会費が有料のものもあるので、不要なクレジットカードはさっさと解約しましょう。**

POINT

お得なクレジットカード以外は解約してスッキリ！

がん保険や医療保険が不要な人と必要な人

がん治療はいくらかかるかご存知ですか？　1000万円？　100万円？
がんになっても治療にかかる実質的な自己負担額は53万円程度だそうです（※1）。
これは日本人が全員加入している健康保険には、「高額療養費制度」という、どんなにお金がかかっても医療費を一定金額までにしてしまう制度があるからです！
健康保険の詳細は次の通りです。

①自己負担の割合

原則75歳以上は1割（現役並みの収入がある高齢者は2～3割負担）、70歳から74歳までは2割、70歳未満の者は3割、6歳未満は2割です。

②高額療養費制度

高額療養費制度では、医療機関や薬局の窓口で支払う医療費が1ヶ月の上限額（自己負担限度額）を超えた場合に、その超過分が払い戻されます。

会社員でもフリーランスでも専業主婦でも健康保険に入っていますので対象です。自己負担の上限額は年齢や所得によって異なりますが、69歳以下で平均的な年収の人ならば、どんなに医療費がかかっても月9万円程度の負担で済みます。

支払いは限度額適用認定証を作れば最初から割引後の支払いになりますし、マイナンバーカードを健康保険証に利用登録していれば限度額適用認定証の機能も内包されているので心配ありません。

③医療費控除

年10万円以上かかったお金は確定申告で控除され、所得税と住民税分が還付されます。平均年収の場合は、所得税20％、住民税10％で合計30％なので、40万円支払いした場合、9万円ほど返ってきます（(40万円－10万円)×30％＝9万円）。

入院すると、治療費以外に食費（入院時食事療養費）もかかります。1食当たり約4

60円、1日（3食）では約1380円です。他にも個室または4床までの少人数の病室に入院した場合は差額ベッド代も1日数千円かかります。

入院中の食事代や通院のための交通費は医療費控除の対象ですが、差額ベッド代は対象外。ただし、治療費と違いそこまで高額ではないため、保険に入る理由にはなりません。

また、**会社員であれば有給休暇＋傷病手当金＋失業手当で収入はカバー可能。**なので、日本では過剰に医療費を心配する必要はないのです。

POINT

医療保険を見直して、現金50万円を銀行に入れておく

〈参考資料〉

※1 厚生労働省研究事業「がんの医療経済的な解析を踏まえた患者負担の在り方に関する研究」より https://research-er.jp/projects/view/153709

先進医療はいらない!?
衝撃のデータ

先進医療のために、がん保険に入っている方も多いのでは？

これも結論、不要です。なぜなら先進医療とは最先端の医療ではなく、**効果があるか検証中の医療であり、受けられる機会も極めて少ないから**です。


例えば、がんの先進医療のほとんどを占めているのが粒子線治療です。

ただし、粒子線治療（陽子線治療、重粒子線治療）の方が普通の放射線治療よりも優れているとする研究成果は、今のところ世界的に見てもあまり出ていません。

治療を受けられる機会も少なく、2017年度において粒子線治療を受けた患者は、全国で約4000人、国民3万1750人に1人です（※1）。

私の父も直腸がんになりましたが、医者から粒子線治療は受けられないと断られました（胃や大腸など不規則に動く臓器では使えないとのこと）。

がんの部位や本人の状態によって受けられない場合も多いのです。

民間保険は、社員の給料や代理店への手数料、家賃、テレビCM代など多額の費用がかかります。

特にCMは数十億かかりますから、CMを出しまくっている保険会社はかなり資金の余裕があるということです。

そもそも株式会社は株主のために存在しているので、あなたが払った保険料は、最終的には株主の利益になります。なので、**お金持ちは保険に入るのではなく保険会社の株を買っている、という見解を示す方もいます。**

もちろん、保険で得をする人がいるというのは事実です。

しかし、**保険は「不幸の宝くじ」と呼ばれています。**理由は期待値が宝くじと同じ50%程度だからです。

保険料の平均総支払額は世帯で1200万円というデータもあります。1200万円で期待値600万円の宝くじを買いますか？

保険で得したから入った方がいいと言う人は、「宝くじが当たったたからみんな買った方がいいよ～」と言っているのと同じです。

もしもの時のためには宝くじを買うのではなく、**現金100～300万円を貯めておきましょう。不幸の宝くじより、安心の現金です。**

POINT

お金を払って実験台にならなくていい。保険は不幸の宝くじ！

〈参考資料〉
※1 『いらない保険　生命保険会社が知られたくない「本当の話」』後田亨・永田宏 著　講談社

投資型の保険は割高！

変額保険や年金保険、養老保険、ドル建て保険などは、投資で儲かるうえ、保険もあってお得と思われがちですが、**投資と保険を分けた方が割安ですよ！**
保険会社を通すと割高な手数料を取られ、その残ったお金で運用することになるからです。

政府が推奨している「確定拠出年金」や「つみたてＮＩＳＡ」を利用した方が低い手数料で運用でき、運用で得た利益は非課税なのでお金が貯まります。
また、保険と投資をセットにしてお得感を出していますが、実は付随されている保険は保障内容が薄いので、保険だけで分けて入った方が安上がりなのです。

加えて、保険の場合は満期前に解約すると大きく減額されますが、自分で投資すればその時の時価でいつでも売却できます。

そもそも、**保険は元本保証があるというのは誤りで、途中解約や保険会社が潰れた場合の金額は保証されない**のでリスクは意外とあります。

どうしても仲介会社が多いと手数料が高くなるので、お金を増やす目的なら自分で証券口座を開設して投資しましょう。

やったことがないから難しいと思われがちですが、私の動画で画像付きで解説しているので、投資初心者や中高年（50代以降）でもできます！

実際、一般NISAはつみたてNISAよりも歴史が古いので、利用者は60代以上が一番多いですし、年配の方で投資をしている人は多いのです。

しかも自分で証券口座を使って株式などを購入した場合、証券会社が倒産しても別の場所で資産を管理しているので、心配ありません。これは分別管理といって法律で定められています。

「国は信用できないから民間保険会社を信じる！」という人がいますが、これは経済を理解していません。**国が破綻する時は既に企業は破綻しているからです。**

保険の運用は国債が多いので国が破綻すれば民間保険も破綻です。

破綻せずとも、国の保険制度が改悪されれば、それに合わせて民間保険の制度も改悪されます。

具体的には、改悪にともないこれまで入っていた保険は見直しとなり、新しい割の悪い保険に入らされます。

実際、バブル時代のお宝保険に入り続けている人がいないのは民間保険で解約運動があったからなのです！

POINT

わざわざ仲介手数料を払ってリスクを負う必要はない

子どもがいたら掛け捨ての定期死亡保険が必要！

医療保険は不要ですが、**死亡保険は必要な人がいます！** 子どもの養育、教育はがんよりお金が圧倒的にかかるためです。

文部科学省の調査（※1）によると、子ども1人あたりの教育費は幼稚園から大学まで全て国公立で約800万円。全て私立だと2200万円以上かかります。この数字だけでも、医療保険やがん保険よりも**死亡保険が必要**とわかりますよね。

よって、専業主婦（主夫）や子ども、子どもがいない夫婦、子どもが成人した夫婦、独身の人には、高額な死亡保険金はあまり必要ないかもしれません。

また、子どもが成人するまでの間だけ入ればいいので、掛け捨て（定期保険）で十分ですよ。

このことから、**子ども1人につき800~1000万円程度の死亡保障額を目安に死**

亡保険に入りましょう。その場合も、掛け金が安い共済や手数料が低いネット保険、勤務先の会社の団体保険を利用すれば、保険料を抑えられます。

共済は、民間の保険会社と違って、営利目的ではありません。相互扶助の精神で、共済に加入している組合員みんなで出し合ったお金から、事故や病気などの困ったことが発生した会員に対して、共済金を支払う仕組みです。

共済は利益が乗っていない良心的な仕組みで運営されているため、民間保険会社に比べると料金が割安になっています。

しかも、使われることがなく余った共済金は、割戻金として返してくれます！代表的なものに、こくみん共済や都道府県共済などがあります。

こくみん共済の場合、男性で「35歳　死亡保険金2000万　10年満了」で月3400円です（子どもが2人いる場合の2000万で試算。※2）。

ネット保険では、メットライフ生命の「スーパー割引定期保険」が非喫煙者で健康体の場合に最安です。先ほどと同じ条件で月2220円です（※3）。

他には、ＳＢＩ生命の「クリック定期！Ｎｅｏ」が同じ条件で月２３６０円です（※４）。保険期間の年数は10年にして10年後に見直しでも良いです。

このように、子どもがいたら料金を抑えた掛け捨ての定期死亡保険に入りましょうね。

POINT

子どもがいたら共済やネット保険で掛け捨ての定期死亡保険に入ろう！

〈参考資料〉

※1 教育投資参考資料集「資料５－２」２ 教育費負担 文部科学省 ２０１３年１月30日 https://www.mext.go.jp/b_menu/shingi/chukyo/chukyo2/siryou/__icsFiles/afieldfile/2013/01/30/1330218_11.pdf

※2 こくみん共済 https://www.zenrosai.coop/kyousai/seimei/teiki.html

※3 メットライフ生命のスーパー割引定期保険 https://www.metlife.co.jp/products/life/sslt/

※4 ＳＢＩ生命の「クリック定期！Ｎｅｏ」https://www.sbilife.co.jp/products/term-click/

あなたは知っていますか？
火災保険のカラクリ

実は、火災保険は賃貸住まいでも自分で選べます！
また、賃貸の場合、建物の保険に入るのは大家で、**借主が入るのは家財（家具や家電など）の保険**です。物件を借りる時に勧められる保険は2年で2万円など高額ですが、これは仲介会社へのキックバックが含まれているため。
解約すれば月割で保険料が返ってくるので、自分で安いものに変えましょうね。

火災保険の内容

家財保険：家財が壊れた場合の保険。家財の金額で保険料が決まる
借家人賠償責任特約：部屋で火事などを起こして原状回復のため大家に払うお金の保険

個人賠償責任特約：自転車で事故を起こしたなどで払うお金の保険

借家人賠償は、管理会社からいくら以上と指定されることが多く、個人賠償責任は家とは関係ないのに指定されることがあります。

それらを踏まえて、安い商品は次の通りです。

借家人賠償の保険の例

日新火災：年間4000円。家財100万、借家人賠償責任2000万、個人賠償責任1億円（※1）

チューリッヒ：年間3610円。家財100万、借家人賠償責任1000万、個人賠償責任1000万（※2）

住まいる共済：年間3800円。家財300万、借家人賠償責任500万、個人賠償責任　3億（※3）

都道府県民共済：年間2480円（都道府県によって異なる）。家財100万、借家人賠償責任1000万、個人賠償責任なし（※4）

金額は年齢や建物の条件で変わります。また、**個人賠償責任はクレジットカードや親の保険に子どもの分も付帯されている**場合もあるため、被らないようにしましょう！

火災保険以外では、自動車の自賠責保険（共済）への加入は義務なので、必ず加入してください。

車両保険は修理費用の前払いに近いので不要です。同様に整理しましょうね。

POINT

火災保険の見直しは意外と簡単！

〈参考資料〉

※1　日新火災 https://direct.nisshinfire.co.jp/oheya/

※2　チューリッヒ https://www.zurich.co.jp/ssi_kazai/

※3　住まいる共済 https://www.zenrosai.coop/kyousai/kasai.html

※4　都道府県民共済 https://www.kyosai-cc.or.jp/landing/index_kasai_sp_170623.html

借金モンスターは速攻でやっつけろ！

節約の前に、もし借金があるなら早期に完済しましょう。**借金の種類によって金利が異なります。**金利が高いと返済不可能な金額に膨れ上がるので、金利の高いものから返済しましょうね。

金利一覧

カードローン（リボ払い）：年率15〜18％程度
カーローン：銀行系で年率1〜3％程度、ディーラーローンで4〜8％程度
住宅ローン：変動金利で年率0・526％程度、固定金利で年率1・365％程度
奨学金2種：利率固定方式で年率0・4〜0・6％程度、利率見直し方式で年率0・02〜0・07％程度

消費者金融：年率3～18％程度、初めて借りる際は18％程度

闇金：年率365％～　闇金の金利に相場はありませんが、10日で10％の利息が発生する「トイチ」を年率に換算すると、なんと365％に。違法な闇金は一生かかっても返せない額にすぐ増えますので絶対にNG！

借金の返済は、**まず金利を下げるのが先決です！** 親や友人に無利子で借りる相談をしましょう。借り換えを銀行に相談するのもありですが、金額が多かったり消費者金融に手を出していたりすると難しいことも。**また、借金額が多い場合は債務整理も視野に入れましょう。**その方法を紹介します。

弁護士を使った債務整理の種類

任意整理…裁判所を介さず、利息の一部免除や利息を払い過ぎた分について債務を減らす方法

個人再生…裁判所を介して、利息だけでなく元本部分についても債務を減らす方法

自己破産…裁判所を介して、返しきれなかった借金を帳消しにする方法

債務整理をしても残ってしまった借金は、**節約と短期バイト**で返しましょう！　借金返済はスピード勝負なので、副業など時間がかかるものではなく、**即効性のある短期のバイトが適しています。**

まず実家に帰ったり友人宅に居候したりして家賃を減らし、生活費を限界まで下げます。バイトは休日の日払いバイト、割のいい短期バイトを昼仕事と掛け持ちし、１００万円程度であれば１年くらいでスピード返済できるので頑張りましょう。

POINT

借金は金利が高いものからスピード返済しよう！

持ち家・賃貸論争！ゆみにゃんの結論は？

持ち家か賃貸か論争がありますね。**結論、価値が落ちない中古の家を買えば資産になるので持ち家が金銭面で有利です。**そうでない場合は資産価値よりも借金＋諸費用の方が多くなるので賃貸の方が有利になります。

また、40年以上住むなら持ち家の方が有利です。

しかし、新築の場合は売主側の利益が20％ほど販売価格に上乗せされているので注意です！　マイホームの購入価格の平均は４０００万円程度、売主の利益を引いたら３２００万円の価値です。

一方、支払いは住宅ローンの利子と将来の修繕費、仲介手数料、固定資産税などを含めると35年で総額６０００万円程度になります。**この時点で３２００万円の家に６０００万円も支払っていることに！**

しかも3200万円の価値は毎年目減りしていき、耐用年数では一戸建ては22年、マンションは47年で価値がゼロになります。**47年で価値がゼロになるものに6000万円払うのです……。**

さらに、価値がゼロになった後も、マンションの場合は管理費と修繕積立金で月5万円程度と、毎年固定資産税を支払い続けます。

このように実費計算すると賃貸との差は縮まります。なので、より資産価値が落ちないかどうかの方が重要になってくるため、**都心の駅近物件以外はお勧めできない**という結論に至るわけです。

長く住むので関係ないと考えましたか？　確かにその通りで、「オウチーノ」のシミュレーションによると、**マンションの場合は購入後42年目、戸建ての場合は38年目で賃貸が持ち家の生涯コストを上回ります**（※1）。

しかし、2021年に新規登録された中古マンションの平均築年数は27・23年、中古戸建で23・78年です（※2）。**つまり、一生ものと思って購入したマイホームを20年足**

らずで売る人が多いのです！　今の日本では3組に1組の夫婦が離婚しているというデータもあるので、**離婚に伴い持ち家を手放すケースも多いと推測されます。**

家を買いたい場合は、**結局は浪費として購入することになります。**

人生の目標の中にマイホームがあるならば買った方がいいですが、**お金を貯めて自由になる方が優先なら賃貸にしておきましょうね。**

POINT

「持ち家の方がお得！」は実現しづらい

〈参考資料〉
※1　オウチーノ https://o-uccino.com/front/articles/47374
※2　公益財団法人東日本不動産流通機構（東日本レインズ）「REINS TOPIC　築年数から見た首都圏の不動産流通市場（2021年）」http://www.reins.or.jp/pdf/trend/rt/rt_202202.pdf

年収の5倍以上で持ち家のローンは組まないこと

マイホームを購入する際、不動産会社から「年収の7倍までローンが組めます」「奥様の年収も合わせればこちらの家に住めます」などと言われ、無理なローンを組んでしまいがちです。しかし、**年収の5倍を超えてローンを組むと生活が苦しくなりますよ。**

なぜなら、住宅ローンの金利以外にもマンションの管理費や修繕積立金、リフォーム費用なども発生するからです。

日本はITバブル期をピークに年収が上がっていません。年功序列で年収が上がり、退職金で数千万円もらえると思って契約した人にとっては、大きな誤算なのです。

年齢や勤続年数を重ねても年収は上がらない、リストラが実施されている、退職金は減らされている。

でも税金と社会保険料は上がっているので想定の手取りになっていない状態です。

ちなみに、企業の寿命は家の寿命よりも短いことを知っていますか?

２０１７年に倒産した企業の平均寿命は23・5年で、倒産した８４０５社のなかに、業歴30年以上の「老舗企業」が２２８８件含まれていました(※１)。

定年まで勤め上げて住宅ローンをコツコツ払っていこうと思っても、途中で勤務先の会社が倒産してしまう可能性も十分あるのです。

しかし、いざ苦しくなって家を売ろうとしても、新築購入だとローンの返済額の方が多くて、そのお金を工面できないので**売ることもできないという負のループにハマります。**

一般的に不動産価格は新築マンションで築15年、新築一戸建では築20年以降で下げ止まる傾向にあります。なので、**マイホームを買う場合は築15~20年の物件で、住宅ローンの借入金額は世帯主年収の5倍まで**にしましょうね。

また、家はあるけど老後資金はないという状態は要注意。資産価値のある持ち家があると生活保護が受けられません。持ち家を売却して生活資金に充てたくても、売れるまで半年程度かかると、お金が底をつきます。実際、**自己破産の原因はギャンブル(7・18%)よりも住宅購入(7・26%)の方が若干多い**のです(※２)。

ちなみに既にマイホームをお持ちの方は、**現在の資産価値を調べてローンの残債と合わせてプラスなのかマイナスなのか把握しておきましょう。**イエウールなどのサイトを使って一度査定してみるのがお勧めですよ（※3）。**住宅ローンの残債＋売却に伴う諸費用より物件価値の方が高ければ何の問題もありません。**あなたの買い物は正解です。

POINT

マイホームを買うなら余裕を持って

〈参考資料〉
※1 東京商工リサーチ　2017年「業歴30年以上の『老舗』企業倒産」調査 https://www.tsr-net.co.jp/news/analysis/20180221_01.html
※2 『2020年　破産事件及び個人再生事件記録調査【報告編】』日本弁護士連合会 https://www.nichibenren.or.jp/library/ja/publication/books/data/2020/2020_hasan_kojinsaisei_1.pdf
※3 イエウール https://ieul.jp

金持ちは密かにやっている⁉ 賃貸の裏技

金持ちの社長がタワマンに賃貸で住んでいるのはなぜだと思いますか？

それは経費にできるからです。法人の場合は社宅扱いにすれば家賃の90～95％程度、個人事業主も家で仕事をしていれば50％程度を経費に算入できます。

ただし、**巨大な家はダメ**です。法定耐用年数が30年以下の建物の場合には床面積が132平方メートル以下である住宅、法定耐用年数が30年を超える建物の場合には床面積が99平方メートル以下である住宅という制限があります。

経費といっても、全額が戻ってくるわけではなく、個人事業主の場合、**所得税と住民税の割合分が節税額になります。**法人なら法人税、法人住民税、法人事業税で計算されます。

結果どうなるのかというと……。**確定申告で家賃の十数%に相当する金額が返ってきます！**

例えば家賃10万円で、50％を経費にした場合、所得税と住民税を合わせて30％の方であれば1・5万円です！　35年間で返ってくるお金は累計630万円になりますので、長期では住宅ローン控除よりも節税額の方が大きくなりますね。

家賃以外にも、駐車場代や光熱費、Wi-Fiの通信費や車に関する費用も一部経費にできます。

そもそも個人事業主や法人の場合、他にも事業に関わるものなら経費になることが多いので、サラリーマンの給料と個人事業主や法人の利益が同じなら、税制上サラリーマンよりも生活費を差し引いた手取りは多くなります。

POINT

金持ちは賃貸で節税している

都心では自家用車よりタクシーがお得な理由

車買い取り大手グーによると、車の生涯費用は2000万円もかかるのだそうです。つまり40年所持していると毎日約1370円程度払っている計算です。これでは食費を必死に節約しても意味がないですね。車を手放した方がお得で暮らしやすいかもしれないので、確認してみましょう。

まず、車が必須の地域であれば単純に安くて燃費の良い中古車を使ってください。都心に住んでいるならば、車は持たずにタクシーの方が圧倒的にお得で便利。

家賃を節約して都心で月6万円の安い賃貸物件を借りたとしても、車を持っていると駐車場代・保険代・ガソリン代・メンテナンス代・出先の駐車場代を全部合わせたら利用頻度によりますが追加で月5万円ほどかかるもの。

合計で支払うお金は月11万円になってしまいます。

なので、都心で毎日車通勤をしているなら、車を手放して会社の近くに引っ越した方がお得ですね。近場への移動ならタクシーを使い、土日に遠出するならカーシェア、レンタカーがお得ですよ！

1　近場ならタクシー、カーシェアどっちがお得？

往復の移動距離が5km程度の場合、タクシーを2回に分けて利用しても2200円程度（東京23区で計算）、カーシェアは目的地の滞在時間もあり4時間利用で3840円程度＋駐車料金です。

2　遠出するならカーシェア、レンタカーどっちがお得？

コンパクトカーを長時間借りるならレンタカーを借りる方が安く、トヨタレンタカーだと12時間の利用で5500円（※1）。短時間、車を借りたりする時は前述の通りカーシェアの方が安いという特徴があります。都心の場合はカーシェアの車両が置いてある駐車場が多くありますので、週末の利用が多い場合はその近くの賃貸に住むのが便利ですね。

結論、**都心に住んでいて車に乗るのは月に数回家族を病院に連れて行ったり、週末に子どもと遠出したりする程度なら、自家用車は不要**です。

次章では、食費や光熱費、日用品代、被服費、美容院代など、**月によって支出額が変わる「変動費」の見直しと節約のコツについて説明していきます。**

変動費を削減するには、安いものを探すよりも、ライフスタイル全般を見直して、これまで意識していなかった「浪費グセ」から脱却することが、はるかに効果的。私がこれまで実践してきた経験も交えて、節約の秘策をお伝えします。

POINT

都心ならタクシーやカーシェアの方がお得！

〈参考資料〉

※1　トヨタレンタカー https://rent.toyota.co.jp/service/charge/pricelist.aspx

本当に必要なもの
だけで暮らす
「変動費」の抑え方

洋服を200着から20着にして見えた驚きの世界

以前の私は200着以上も洋服を持っていて、クローゼットに入りきらず、衣類用の棚を買い足すほどでした。毎日違う服を着ていたので「物持ちだね～」と言われることも多かったです。

しかし、服が多いと、クローゼットにパンパンになっているのに着たい服がなかったり、毎日のコーディネートを考えたりするのが大変でした。

結局、着心地がいいものだけ着て、1年以上着ていない服だけどお気に入りという「謎の矛盾服」が家の中にあふれているという状態に……。

服を減らすにしても、他人から「いつも同じ服ばかり着ている」と言われたらどうしよう、また買い直すハメにならないだろうか？　そんな不安もありました。

そんな私も今では、**手持ちの服は20着**だけ！　平日の仕事服も休日の外出着も、部屋着もスポーツウエアも全部合計して、オールシーズンを20着でまかなっています。自分にとって本当に必要な服を選別してわかった驚きの効果を紹介します。

①気分がいい日しかない

着心地が悪い服を着ている時はずっとイライラしていたのに、**着心地がいい服を複数そろえて着ればイライラとは無縁に。**特に靴は毎回違う靴を履くと足が痛くなるので、同じ靴を履くようにしてからは、痛みからも解放されました。

②同じ服を着ていても他人に気づかれない

人は意外と、**他人の服なんて見ていないもの**です。新しい服を着ていくと気づかれますが、平日の私服を制服化して、同じ服を着ている分にはほぼ気づかれません。今はリモートワークが定着した会社も増え、みんな部屋着なので、もう他人の目を気にする必要もないですね。

③土日のお出掛けがもっと楽しくなる

私の場合、土日の両方とも同じ人に会う機会はほぼないので、**休日の外出着はお気に入りの1着だけ**にしました。お気に入りの1着が毎回着られるのでとても気分が良くなりますよ！

④防寒バッチリになる

冬場は結局、防寒対策をした方が楽で快適に過ごせるということも、今更ながら気づきました。

以前はおしゃれな薄手の服にカイロを貼って耐えていました。土日はそれでもいいかもしれませんが、**平日は機能性重視で防寒性を優先した結果、寒さに耐える修行からも解放されました。**

⑤コーディネートに迷わない

靴とバッグの色が合わないとガチャガチャしてコーディネートが決まりません。今は**ゴールドの靴とゴールドのバッグ**だけにして楽になりました。

⑥自分をキャラクター化してアイデンティティを確立できる

前職の会社の先輩は、同じ赤い靴、Tシャツを複数持っていました。自分はこれがトレードマークということで着ていたそうです。それを聞いて自分の軸があってかっこいいと思いました！

毎回違う流行りの服で着飾っても個人の印象が曖昧になるので、**同じ服で「自分」というキャラクターをはっきりさせた方が自信もついて魅力的に見えますね。**

⑦朝の支度が簡単

平日は同じ服を着るので朝の支度で迷いがなくなりました。唯一の選択肢は、雨の日には雨用の靴を履くくらいです。靴下や下着は全部同じ物で揃えている人も多いので、まずはそういったものから始めてみるといいですね。

こうしてミニマリストを極めていくと、シンプルになりすぎて女性でも中性的になってしまうのが嫌という人もいます。そういう人にお勧めなのは髪をセミロングにする方法です！　髪が長いだけで女性らしい雰囲気が出ますからね。

平日は機能性重視でシンプルに。土日はお気に入りのワンピースで髪を巻いてアクセサリーをつけるとぐっと女性らしく変身できます！

このように、服を減らすことと、女性らしさを保つことは両立できますね。

服が減れば一気に部屋が広くなりますから、小さい部屋に引っ越すこともできますし、物欲からも解放されるのでお金はかなり貯まりやすくなりますよ！

POINT

平日は機能性重視で私服を制服化、土日はお気に入りの1着に絞る

あなたの捨てるべき服と残すべき服の仕分け方

では、実際どうやって服を減らしていけばよいのでしょうか。服には思い出もあるので、なかなか処分しづらいですよね。そんな心とうまく付き合いながら服を減らしてスッキリするコツをお伝えします！

捨てるべき服

①ゴミになりかけているもの

穴が空いた靴下・ズボン、紐や布が伸びている下着、洗濯でヨレヨレの服、毛玉だらけのセーター、汚れた靴、つま先やソールに穴の空いた靴、もらい物のエコバッグなど。

②迷惑なもの

ダサい・時代遅れ・逆にトレンドすぎる服、サイズが合わない・着るにはダイエットが必要・袖が長すぎる服、似合わない服、合わせづらい服（柄物パンツなど）、洗いづらい服（すぐ縮む、色落ち、装飾付き、クリーニング必須）。

着心地が悪い（ちくちくするなど）服、下着が見える（ブラジャーの肩紐が見える、下着が透ける）服。

左右が揃っていない靴下、家の中でしか着られないパジャマ、汚れやすい真っ白の服や靴、履くと痛い靴、重い・安っぽいバッグ、春・秋だけなど使えるシーズンが限られている服やファッション小物など。

③今の私には必要がないもの

複数のアウター、履いていない靴、使っていないバッグなど。

これらの「捨てるべき服リスト」に沿って仕分けしましょう！　反対に残す服の基準も見ていきます。

残すべき服の見つけ方

①お気に入りランキングをつける

休日のおしゃれしたい時に着るお気に入りコーデランキングをつけましょう！ その結果、**上位3コーデくらいを残します。**曖昧だった自分の好き嫌いがはっきり整理されますね。

②平日は私服を制服化する

平日の仕事着にしたい機能性重視の服を1コーデ決めましょう。決まったら、同じ服を複数買って揃えます。例えば、Tシャツ5枚＋スカート1枚などがかさばらずお勧め！

このように、お気に入りの休日コーデ選抜と、平日の私服の制服化をすると、残す服が明確になります！ 私が実際に使っている20着と、小物類は次の通りです。

これらを週に1回コインランドリーで洗濯しています。洗濯の頻度が高い人ならもっと減らせそうですね！

POINT

捨てるべき服のリストに沿って仕分け、残すべき服を明確に！

着回し抜群の衣服20着

- タンクトップ 7着（GUのレース黒タンクトップ）
- スカート 1着（楽天市場で購入したレオパード柄、細身で仕事向き）
- アウター・上着 2着（無印良品のライトダウン、フリース）
- カーディガン 2着（夏用の薄手のものと冬用のカシミアカーディガン）
- ワンピース 1着（GRLで購入したお気に入りのダルメシアン柄ワンピ）
- ヨガパンツ 2着（冬は防寒対策のレギンスとしても活躍）
- ヨガ用Tシャツ 4着（ユニクロのクルーネックTシャツ）
- 部屋着 1着（夏冬の切り替わりで買い替える）

靴、小物類（各1つずつ所持）

- スニーカー（オールバーズのウール素材のスニーカー）
- 雨靴兼冬用ブーツ（楽天かGUで買うことが多い）
- ゴールドのサンダル（ウェッジソールで歩きやすい。楽天で購入）
- ゴールドのウォレットショルダーバッグ（お財布と一体型で超便利！）
- ノートPCケースのバッグ
- 旅行用の折りたたみボストンバッグ
- カシミアのストール
- 時計、ブレスレット、ネックレス、イヤリング、指輪、カチューシャ

新作の服もフリマアプリで安くゲットしよう

デパートで新しい服を欲しいと思ったらどうしますか？　その場で購入か、試着だけしてECサイトで購入か……。**私の場合はフリマアプリで同じ商品がないかチェックします。**

そうすると、ほぼ新品同様の状態で新品より安く手に入ります。1万円の服を3000円でGETできることもありますよ！

驚くことに、最新の服が既にフリマアプリでたくさん出品されていることもあるのです。おそらく買ったはいいものの、いまいち着心地が悪かったり、似合わなかったりするのでしょう。そんなことを考えていると、本当にその服が欲しいのか冷静に判断できて、結果、無駄な買い物をしなくて済むこともあります。

衝動買いは後悔の元なので、一度冷静になるためにも、フリマアプリは有効です。

また、ユニクロやGUこそフリマアプリがお勧めです。実は、**フリマアプリで一番販売されている服はユニクロ**なのです！　そもそも買っている人が多いですからね。なので、ユニクロやGUの服こそフリマアプリをチェックしましょう！

中古の衣類は気持ち悪いと思う人もいるかもしれないですが、**洗濯は簡単にできますし、そもそも服は原価が安く長持ちしにくいもの。**おしゃれのためならトレンドの衣類を中古で安く買った方がお得におしゃれが継続できますよ。

また、他人はあなたの服が新品か中古かなんてわかりっこないです。

POINT

衝動買いせず一度フリマアプリを覗こう！

美容院代をゼロにする!セミロングの魔法

美容院代って高いですよね。**私が行き着いた節約ヘアースタイルは、セミロング**です。セミロングなら、カットが半年に1回ですみますから、美容院に行く回数がぐっと減ります。私は縮毛なので、半年に一度の縮毛矯正のタイミングでカットもしています。

男性からすると、髪を短くして1000円カットにした方が洗髪も楽なのではと思うかもしれません。しかし、女性のショートカットやボブは技術的な難易度が高く、安いお店では納得できない人が多いのです。

中高生の時に、近所の美容院でおかしな髪型にされて、親に泣きついて都会の美容室で直してもらった経験のある人は少なくないでしょう。

私も鈴木亜美さんに憧れてショートボブを頼んだら、ザンバラな髪型にされて泣いたことがあります。

しかも、ショートカットやボブは少しでも髪が伸びるとスタイルが変わってしまったり、肩で髪が跳ねてしまったりして不恰好になり、カットは毎月必要になります。

そこで、**髪は肩より長くしておいた方がこまめにカットする必要もなく、さらに女性らしさも保てるので、美容費を節約したい方にはお勧め**です。

途中でボリュームが気になったら**「minimo」**というカットモデル募集アプリを利用して、0円でカットしてもらいましょう。

美容師経験が数年ある方にお願いすることもできて、0円〜1000円でやってもらえることが多いです。

1000円カットでも長い髪ならそんなにおかしなことにはなりません。他にもセミロングのメリットは次の通り。

セミロングのメリット

- 短い髪よりも朝の寝癖が少なくセットが簡単
- 髪の重さで髪が伸び縮毛が目立たない
- 短い髪型より美容師のカットスキルが求められず安い店でOKになる
- 根元のプリンが目立たないのでカラーの頻度が減る
- イヤリングやネックレスなどがなくても首回りにボリュームが出る

POINT

美容院代の節約をしたいならセミロングがお勧め！

格安でツヤツヤヘアーを手に入れる秘策

あなたの髪はツヤツヤですか？　ボロボロパサパサで悩んでいませんか？
私は以前、カラーと縮毛矯正を両方していたので、髪が激しく傷んでパサパサでした。
そのうえカラーをしても2週間しか持たないし、毎月美容院に行っているのにひどい有様。そんな私が髪をツヤツヤにして節約にも成功した方法をご紹介します！

その秘訣は、**天然ハーブの「ヘナ」**です！
現在、カラーは「ヘナ」を使って、自分で染めています（月1回）。ヘナの歴史は古く、紀元前5000年からペインティングの材料や染料として使われているもので、現代ではインド人女性がロングヘアーの艶を保つために使用しています。私は、このヘナを使うようになってカラーにかかるお金が月1000円程度になりました！

ヘナは通常のカラー剤とは違い、トリートメントに色がつく効果があるものなので、髪を傷めないためツヤツヤになります！

髪の1本1本にハーブの成分がジュジュっと浸透してコシが出るため縮毛が軽減されるのです。艶のない白髪もツヤツヤになるので人気ですよ。

ただ、カラーの色味は自由には出せず（オレンジのみ）、染め上がるまでの放置時間が長い（40分～）、健康な黒髪は染まらないなどのデメリットはあります。

けれど、ヘナを使えば、シャンプーやトリートメントも不要になります！　ヘナには油を吸着する効果があるので、ヘナをやっている人はシャンプーを使わない「湯シャン」の人が多いです。**元々天然のトリートメントなのでトリートメント剤も不要というわけですね。**

ついでに、**体を洗うボディーソープや洗剤もやめました。**テレビでタモリさんや福山雅治さんが「ボディーソープを使わない」と話していたのがきっかけです。

界面活性剤を用いて過剰に皮膚を洗ってしまうと、保湿に必要な皮脂や皮膚常在菌までもが落ちてしまいます。やりすぎると肌が傷つき、アレルギーの誘発や細菌感染の原因となるそうです。

今ではボディーソープはなしで、たまに汗をかいた時などにハンドソープを使っています。

これでシャンプーもトリートメントもボディーソープも不要になってお風呂場はスッキリ！　お金は増えました。しかも見た目はツヤツヤの髪で肌の乾燥も改善され、一石三鳥です。

POINT

ヘナでツヤツヤヘアーを手に入れつつ、美容費は一気に削減できる

化粧水の90％は水！基礎化粧品の衝撃的な事実

私は、**基礎化粧品は保湿剤と日焼け止めのみにして、化粧の回数を減らす**ことで節約しています！　というのも、以前に決算書の勉強をした時、

「化粧水は90％が水（精製水）で非常に原価が安い」
「デパートの有名ブランドの化粧品はテナント料や広告費などのコストが商品価格に含まれているため高い、成分はドラッグストアのものと大して変わらない」

というのを知ったからです。

さらに、メンタリストのＤａｉＧｏさんはココナッツオイルやワセリンと日焼け止め

で十分という動画を過去に発信しています。

化粧水がなくても洗顔時の水で水分補給はできているので、洗顔後すぐにその上から脂分で蓋をすればいいという内容です。

私もその通り実践したら、肌がモチモチになりました！　夏場は水洗い＋ココナッツオイル（半年で約1900円）、冬場はお湯洗い＋白色ワセリン（3ヶ月で約1100円）が脂分のバランスがちょうどよかったです。

ココナッツオイルはサラッとしていて冬は固まるのに対して、ワセリンはベトつくので季節によって使い分けましょう。

また、私は化粧をすると吹き出物ができやすいので、平日はノーメイクで通し、化粧をするのは土日に外出する時のみにしました。**化粧をした時だけ洗顔料を使うことにした結果、肌トラブルが激減。**

肌トラブルが出た時は高い基礎化粧品に頼るよりも皮膚科へ行くことも大事。私は以前、左目の横が急に赤くカサカサしてきたため皮膚科で薬をもらい、2日で治りました。

その後同じ場所に大きなニキビもできましたが、皮膚科で薬をもらうとやはり3日ほどで治りました。同時に目元に白い吹き出物が出ていたので、診療時についでに治療してもらいました。

数ヶ月後、今度は別の場所にイボが急にできてびっくりしましたが、皮膚科で液体窒素を当てて2回の施術で綺麗に取れました。イボはウイルス性なので皮膚科の治療が必要だそうです。

なので、**小さい肌トラブルも皮膚科に行って早めに治しましょう。**医療費は3割負担なので、高い基礎化粧品を買うよりも圧倒的に安上がりで効果的です。

POINT

基礎化粧品にお金をかけるより皮膚科を頼ろう!

コスパ最高！ゆみにゃんのお勧めドラコス

憧れのデパコス（デパートコスメ）、女性はみんな大好きですよね？　私も昔はお正月の福袋で買い込んでいました。

でも、高い割に効果を感じない気がしませんか？

正直違いはわからないけど、ブランドロゴが入っているのがステータス！　パウダールームで自慢できちゃう！　そんな気持ちでなかなかやめられないんですよね。

お金を貯めるなら、その呪縛から解き放たれる必要があります。

口紅ひとつがマウンティング戦争の入り口で、化粧品だけでなくバッグや靴、洋服に波及してしまうからです。私は若い頃その呪縛の中で、見えない何かと戦ってお金を失っていました。

デパコスも基礎化粧品同様に中身の違いは薄く、広告費や、テナント料と美容部員にお金を払っているようなものです。

なので、うわべのステータスのために高い化粧品の沼にハマるのではなく、お手頃なドラコス（ドラッグストアコスメ）を楽しみましょう。

ゆみにゃん愛用のドラコス

1　レブロン　マットバーム／レブロン　バーム ステイン　1320円

クレヨンタイプの口紅で発色が良く落ちづらい。私はこれをチークにも使っています。頬と唇の色が合っているとバランスがいいので、まさに一石二鳥です。

2　K－パレット　リアルラスティングアイライナー24hWP　1320円

ひと筆で綺麗に描けるアイライナー。ウォータープルーフなのにお湯で簡単に落ちるので使い勝手抜群です。失敗しにくいので、化粧時間の短縮にもなりますね。

3　マジョリカマジョルカ　シャドーカスタマイズ（フローティング）　880円

大粒ラメで簡単に華やかな目元に！　私はBR701の色を愛用しています。指で滑らせるだけで簡単にゴージャスにできるのでアイシャドウはこれだけ！

4　資生堂　眉墨鉛筆　220円

適度な芯の硬さで、折れることがないので簡単に描けます。たまにカッターで鉛筆を削れば何年も使えるのが嬉しいですね。

POINT

マウンティング戦争から抜け出しドラコスを楽しもう！

どうせ無くすアクセサリーは安くていい！

20代の頃はエセセレブだったので、アクセサリーも大好きでした。誕生日とクリスマスと付き合い始めは、記念日に彼氏（その後の旦那）に高いアクセサリーをねだったものです。しかし、彼から「**でも、ゆみにゃんはアクセサリー無くしちゃうじゃん**」と言われました。

そうなのです！　アクセサリーって無くしませんか？　特にイヤリング。私は「確かに！」と思って高いアクセサリーを買うのをやめました。

それに、アクセサリーってバラバラに買うと他と色やデザインが合わず、チグハグに……。なので、新しいものを買ってもいまいちトータルコーディネートがしっくり来ません。**どの組み合わせにするか、家を出る前に悩んで脳を消耗してしまいます。**

さらに、他人のアクセサリーがいくらか、本物のダイヤモンドかキュービックジルコニアかあなたはわかりますか？　一個一個手にとって比較したらわかるかもしれませんが、そんな失礼なことはしませんよね。

お金を使ったところで、あなたのアクセサリーが高級品か安物かなんてわからないのです。特に男性は全然わかりません……。

終わりなきマウンティング戦争に参加してしまえば、ストレスは増えてお金はなくなり友達には嫌われるのでやめましょう。

今では300円ショップや駅ナカの安価なアクセサリーショップで買っています。持っているアイテムは、時計、指輪、ブレスレット、ネックレス、イヤリング、カチューシャをそれぞれ1種類ずつ、色味は全てピンクゴールドで統一しています。1種類しかないと本当に楽です。出かける前にさっとつけて終わり！　考える必要ナシ！

POINT

安物のアクセサリーはストレスフリー！

水道水はミネラルウォーターより安全性は高いし安い

水道水は危険だからと、ミネラルウォーターを買っていませんか？　ペットボトルのミネラルウォーターをいちいち買うよりも安いと、ウォーターサーバーを勧められて月6000円ほど払っている人も多いのではないでしょうか？

これはマーケティングの罠にはめられています。結論、水は水道水を飲んでください。

総務省の「小売物価統計調査」（2018年）によると、ペットボトル水2リットルの平均価格は99円。1日2リットル計算なら年間3万6135円です。

一方、水道なら2リットルは0・2円程度（大阪市）なので、年間たった73円です。**ペットボトルは水道水の495倍も高い**のです。

「水道水は体に悪いのでは？」

水道水の方が安全ですよ。日本の水道水の安全基準は水道法で定められており、細菌の有無や成分基準値について51ものチェック項目があります。

一方、ミネラルウォーターの安全基準となるのは食品衛生法で、クリアすべきチェック項目は水道法よりも少なく、一部の基準値が水道法より緩やかに設定されています。

「水道水はまずいのでは？」

確かに水道水は、塩素消毒（殺菌）を行っているため、残留塩素が含まれており、独特の匂い（塩素臭・カルキ臭）がしますが、気になる場合は、冷蔵庫で10〜15℃に冷やせば、匂いは消せますよ。

浄水器を使う人もいますが、**浄水器内に滞留した水は残留塩素が無くなり、雑菌が繁殖しやすくなることがある**そうです。私も以前は浄水器を使っていましたが、これを知ってからは水道水をそのまま飲んでいます。

ペットボトルを買わなくなってから、ゴミ捨てが格段に楽になりました。ラベルを剝がし中身をすすいでキャップと分けてボトルを潰し、回収の日まで待つという手間がなくなるのです。

私は以前、恋人が毎日何本もペットボトルを買うのに自分で片付けず、年間1000本近いペットボトルの片付けをさせられて気が狂いそうでした(いえ、狂っていました)。ペットボトルの片付けからの解放は、その人と別れてよかったことの一つですね。

POINT

水道水は安全で安い

「あるもの」を買わなければ年間25万円貯まる

コンビニや自動販売機でジュースやお茶を毎日購入していませんか？　1本150円の飲料を365日購入した場合、30日間で4500円、年間5万4750円にもなります。飲み物以外に休憩のおやつ、仕事終わりのデザート、晩酌のお酒やつまみなどを買うためにコンビニを使っていませんか？

JFA日本フランチャイズチェーン協会のデータ（※1）によれば、2021年度7月の平均客単価は692・1円です。**毎日コンビニに行く人は年間25万2616円も使っているんです！**

ジュースやスポーツ飲料で歯が溶けると聞いたことはありませんか？　公益社団法人神奈川県歯科医師会「オーラルヘルスオンライン」によると、私たちの歯は、ジュースやスポーツ飲料などの酸性度の高い飲食物に長く触れていると、溶けてしまうことがわかっています。これを「歯の酸蝕（さんしょく）」と言います。

しかも、飲んだ直後に歯を磨くと、酸で歯の表面が柔らかくなっているので歯が傷付きます。

一度歯がダメになると元には戻せません。

インプラントにすれば大丈夫？　インプラントは自由診療のため1回30万円（医院によって異なる）ほどかかりますが、日本の歯科医院で採用されているインプラントの平均寿命は約10〜15年ほどと言われています。

40歳前後でインプラントを入れたら、交換も含めて1本につき生涯100万円近くの費用がかかります。

コンビニでお菓子を買わないことも大事です。砂糖は「マイルドドラッグ」と言われているのをご存知ですか？

砂糖には薬物やアルコールに劣らないほどの中毒性・依存性があると言われています。お菓子を食べると「おいしい」「幸せ！」といった気持ちになりますよね。

実際、脳内ではドーパミンやエンドルフィンが分泌され、一時的にストレスを忘れることができます。

次第に、砂糖を摂らないと禁断症状でイライラし出します。これが砂糖依存症です。

砂糖を摂り続けていたら糖尿病などのリスクも上がる、というデータもあります。お金を払って不健康を買うと将来の医療費がかさんでしまうので、将来のお金を食い潰しているのと同じです。「老後のお金が心配、病気になったらお金が足りるか不安」と思うなら、今から健康に気をつけましょうね。

POINT

コンビニで不健康を買わないようにしよう

参考資料

※1 ＪＦＡ日本フランチャイズチェーン協会 https://www.jfa-fc.or.jp/particle/19.html

食費を月1万5000円にする激安スーパーの活用

引っ越しする際は家賃や都市ガスかだけではなく、近所に激安スーパーがあるかも非常に大事なのはご存知ですか？
激安スーパーでは野菜や肉が格安で手に入るんです！
安いスーパーの具体名を挙げると、**業務スーパー**、**オーケー**、**肉のハナマサ**、**ローソンストア100**などが代表的です。いずれかが近所にあるエリアで暮らせば、グッと食費が安くなりますよ。
どれくらい安いかというと、業務スーパーではうどん1玉19円、木綿豆腐（340g）29円、白菜1株100円。2キロ880円の「鶏もも肉」など、驚くべき安さです！

ただし、大容量のお菓子やピザなどの加工食品を買うと食べ切れなくなってしまうので、**あくまでも野菜や肉などの食材をメインに購入しましょうね。**

調味料も、一人暮らしだと多すぎて使い切れないので、**100円均一ショップで買った方が少量で使い切りやすいですよ。**

お勧めの調理方法は鍋！　**栄養満点で、1食300円程度で作れます。**

業務スーパーの近くで暮らしていた時は、大きな白菜と肉やキノコなどを買って1週間分のキムチ鍋を作っていました。

それを冷蔵して毎回食べる分だけレンチンすれば、**調理も週に1回で済みます。**朝はふるさと納税でもらったプロテイン、昼は鍋、夜はおにぎりと味噌汁（食べないこともある）という食事が多いです。これで食費は月1万5000円程度で済んでいました。

今はローソンストア100でカット野菜と肉を買い、ネットで注文した1食分ずつ小分けにされている鍋つゆを使って毎食作っています。これも1食300円程度で済みます。

このように工夫すれば、一人暮らしの食費は月1万5000円程度。二人以上でも月3万円程度で済むはずです。

人と会わない時は自宅で鍋を食べれば、自炊で浮いた分を交際費に回せます。**また健康的にもなって私は2週間で2キロも痩せました。**

地域によって色々な激安のお店があるので、引っ越しの際には合わせてチェックしましょう！

POINT

激安スーパーがある駅に住めば食費が圧倒的に節約できる

お酒をやめて300万円貯めた人の話

毎晩飲み歩いているのに、お金がどんどん貯まるという人に会ったことはありますか？　私はありません。

私は色々な人から家計改善の相談をされますが、実家暮らしなのに全然お金が貯まらないという相談をたまに受けます。実家暮らしで月20～30万円使っているというのです。家に入れているお金は5万円程度で、水道光熱費や食費は不要なので相当な浪費ですよね。

お金が貯まらない原因は大抵、飲み代です。

毎晩のように居酒屋で5000円程度使ってしまったり、飲み会があれば2次会3次会で1万円以上使ったり……。しかも友達や後輩に奢ってしまい、気づけば実家暮らしなのに貯金ゼロ、なんてことも。

お酒を毎晩のように飲んでいると、貯金ゼロから5年で1000万円は難しいです。夜はもともと疲労で思考力や判断力が鈍っているうえ、お酒が入れば気が大きくなり、余計な料理を注文したり、後輩に無駄に奢ったりしてしまいますからね。

なので、相談された人に外でお酒を飲むのをやめるよう話したら、「飲み代が浮いて、月の生活費が5万円になった！」という報告があり、**その1年半後には「300万円貯まった」と感謝されました。**

また、お酒を過剰に飲んでいると、**将来の医療費も増大**していきます。節約のためにはお酒は飲まないのが一番ですよ。

ダラダラと晩酌をしなければ夜の時間も空くので、その時間で副業や資格の勉強もできますしね。

私はお酒を飲まないようにするために、自宅でお酒は飲まない、夜の飲み会には行かない、代わりに友達の集まりはランチにする、というルールを徹底しました。

このランチ会は意外と好評で、休日は色々な人とランチを楽しんでいます。週2〜3回ランチに行っても3000円程度で済みますから、1回の飲み会より安く済みます。何度も外食を楽しめて満足感が高いのがいいですね！

毎日寝る前にお酒を飲まないとダメという人はアルコール依存症になっているかも……。節約の前にアルコール依存症を専門に扱っている病院へ行きましょう。

POINT

お酒から距離を置くとグッと節約が加速する

幹事ならアプリポイントがどんどん貯まる

どうしても夜の飲み会が発生した場合は、幹事に名乗り出るのがお勧めです。**安いお店を自分で探せるからです。**

自分の住んでいる場所よりにすれば移動時間も短縮できますし、飲食店アプリのポイントとクレジットカードのポイントも貯まってお得です。

飲食店アプリの多くは予約人数1名につき50円相当のポイントがもらえるので、10人の飲み会なら500円分のポイントがもらえます。

ホットペッパーではたまに、予約1人あたり1200円分のポイントがもらえるキャンペーンを行っています（条件・上限あり）。そういう時期に飲み会で幹事をやればお得ですね。

さらに、楽天カードは支払金額の1％ポイント付与＋だいたいいつもポイント2倍のキャンペーンをやっているので、飲み会のお会計が5万円なら500円分〜1000円分のポイントをもらえます。

少人数で行くならポイントはそこまで影響されないので、とにかく安い方がいいです。探せば2000円程度でたっぷり飲んで食べられるお店はありますよ！ **私は飲食店アプリで平均利用額が夜2000円程度のお店を探して行きます。**

あとは**当日の注文を自分が引き受けましょう。**お酒が回った人は思考が麻痺して、料理を食べられないほど頼んでしまいがちです。なので、お酒を飲んでいない自分がやるべきです！

また、お水を人数分頼んでおけば、追加の飲み物注文のペースも緩やかになります。飲み放題でもないのにラストオーダーで大量に追加注文させるのは危険です。

さらに、お会計もお酒を飲んでいた人と飲まなかった人で金額に傾斜をつけましょう。

これで完璧です！

飲み会は現金を急いで作る手段としても便利です。参加者には前払いで集金し、お店にはカードで支払いましょう。

これで1ヶ月早く現金を獲得できます。お金に困った大学生がサークルの飲み会を企画するというのはよくある話です。

このように、飲み会をコントロールすれば交際費も抑えられます。

POINT

飲み会を制するものは節約を制する

水道光熱費を年間約5万7620円削減する

一人暮らしの平均的な水道光熱費は、**1ヶ月当たり1万2240円**です。内訳は、電気代が4411円、ガス代が3472円、水道代が2080円、その他で277円（※1）。**二人以上世帯の場合は、1ヶ月当たり1万9786円です。**内訳は、電気代が7712円、ガス代が6484円、水道代が4831円、その他で759円（※2）。

私の場合は電気代が2000円（夏場4000円、冬場7000円）、ガス代が3000円、水道代が2080円程度です。

これよりも高い人は、生活スタイルが光熱費をたくさん使う方向になっているので見直しましょう。日々の生活の癖を見直すだけで、光熱費は簡単に節約できますよ。

また、見直す順番も大事です！

まず水道光熱費の中では電気代が高くなりがち。水道代は安いので気にしない。なので、**電気→ガス→水道の順番で見直しましょう。**「平成30年度電力需給対策広報調査事業」の結果より、家電で消費電力が多い順番（夏季）を見ていくと、

①エアコン
②冷蔵庫
③その他
④照明
⑤炊事
⑥給湯
⑦待機電力
⑧テレビ
⑨洗濯機・乾燥機
⑩パソコン・ルーター
⑪温水便座

となります。こちらも**消費電力の大きい順に見直しましょう。**具体的な節約テクニックは、資源エネルギー庁の省エネポータルサイトに光熱費の節約方法がありますので、そちらから紹介します。

節約額は全て年間の合計（2022年10月時点）です。

エアコン

- 冷房設定温度を27℃から1℃上げれば、約820円の節約
- 暖房設定温度を21℃から20℃に下げれば、約1430円の節約
- 冷房を1日1時間短縮すれば、約510円の節約
- 暖房を1日1時間短縮すれば、約1100円の節約
- フィルターを月に1回か2回清掃で、約860円の節約

照明

- 54Wの白熱電球から12Wの電球形蛍光ランプに交換で、約2270円の節約
- 54Wの白熱電球から9Wの電球形LEDランプに交換で、約2430円の節約

- 12Wの蛍光ランプ1灯の点灯時間を1日1時間短縮した場合、約120円の節約
- 54Wの白熱電球1灯の点灯時間を1日1時間短縮した場合、約530円の節約
- 9Wの電球形LEDランプ1灯の点灯時間を1日1時間短縮した場合、約90円の節約

テレビ、パソコン

- 1日1時間テレビ（32V型）を見る時間を減らした場合、約450円の節約
- 1日1時間デスクトップPCの利用時間を短縮した場合、約850円の節約
- 1日1時間ノートPCの利用時間を短縮した場合、約150円の節約
- デスクトップPCの電源オプションを「モニタの電源をOFF」から「システムスタンバイ」にした場合、約340円の節約
- ノートPCの電源オプションを「モニタの電源をOFF」から「システムスタンバイ」にした場合、約40円の節約

冷蔵庫

- 中身を詰め込まず、半分にした場合、約1180円の節約
- 開閉回数を半分にした場合、約280円の節約
- 開けている時間を20秒から半分にした場合、約160円の節約
- 設定温度を「強」から「中」にした場合、約1670円の節約
- 壁から離して適切な間隔で設置すれば、約1220円の節約

食器洗い機・電子レンジ・電気ポット

- 給湯器の設定温度を40℃から38℃に下げて手洗いで、約1430円の節約
- 手洗いから食洗機でまとめ洗いに変えて、約8570円の節約
- 野菜の下ごしらえに電子レンジを活用で、約1060円の節約
- 電気ポットを6時間保温からプラグを抜いて再沸騰に変え、約2900円の節約

ガスコンロ

- 水1ℓ（20℃程度）を沸騰させる時、強火から中火にして、約390円の節約

洗濯機・乾燥機

- 4割入れて洗濯から、8割入れて洗濯回数を半分にしたら、約4510円の節約
- 4割ずつに分けて毎日乾燥から、2日に1回使用にしたら、約1130円の節約
- 乾燥機ではなく、自然乾燥後、未乾燥のものだけ補助乾燥にして約1万650円の節約

お風呂

- 追い焚きを1回減らして(1回/日)、約6190円の節約
- 45℃の湯を流す時間を1分間短縮して、約3210円の節約
- 16分以内ならシャワーにする。16分で浴槽一杯分のお湯になる(200ℓ)

温水洗浄便座

- 便座の設定温度を一段階下げた(中→弱)場合、約710円の節約
- 洗浄水の温度設定を一段階下げた(中→弱)場合、約370円の節約

（全て「経済産業省資源エネルギー庁　省エネポータルサイト」より引用）

これらの金額を単純に合計すると、年間5万7620円になります。

重複する部分もあるので、実際はこの金額にはなりませんが、かなりの節約効果があるのは間違いないですね！

特に効果が高いのは次の通り。すぐに実行できるのでやれるところからやってみましょう！

- **エアコンの設定温度**
- **フィルターの清掃**
- **LED電球への交換**
- **冷蔵庫の詰め込み回避**
- **冷蔵庫の設定温度の変更**
- **冷蔵庫を壁から離す**
- **給湯器の温度**

- **電気ポットの保温をやめる**
- **乾燥機の頻度を減らす**
- **追い焚きをやめる**

ここまで、服を減らしたり、美容に関することや食生活を変えたり、生活スタイルを変えたりすることで、だいぶ節約できることを説明してきました。

これまで当たり前だと思っていた生活が、燃費の悪い方法だったことにも気づけたと思います。そんな日々から抜け出して省エネで燃費の良い節約スタイルにチェンジしましょうね！

次章では節約から一歩進んで、お金を生み出す方法や、節約して貯めたお金を安全・着実に増やしていく方法について解説します。

まずは手始めに、フリマアプリで家の不用品を売ってお金に換えたり、日常生活で効率よくポイントを貯めてお小遣い稼ぎができる「ポイ活」に取り組んだりすることから挑戦してみましょう。

賢いお金の使い方・増やし方をマスターすると、貯金スピードがグングン加速していきますよ！

POINT

自分自身が、燃費の良いスタイルに乗り替えよう！

〈参考資料〉

※1 総務省統計局「家計調査 家計収支編 2021年」（第8表 住居の所有関係別1世帯当たり1か月間の支出（単身世帯））https://www.e-stat.go.jp/stat-search/files?page=1&layout=datalist&toukei=00200561&tstat=000000330001&cycle=7&year=20210&month=0&tclass1=000000330001&tclass2=000000330022&tclass3=000000330023&result_back=1&tclass4val=0

※2 総務省統計局「家計調査 家計収支編 2021年」（第3－7表 住居の所有関係別1世帯当たり1か月間の収入と支出（二人以上の世帯））https://www.e-stat.go.jp/stat-search/files?page=1&layout=datalist&toukei=00200561&tstat=000000330001&cycle=7&year=20210&month=0&tclass1=000000330001&tclass2=000000330004&tclass3=000000330005&result_back=1&tclass4val=0

知らないと損！賢いお金の使い方・増やし方

フリマアプリで10万円を稼ぐコツ

手っ取り早くお金を作るには、フリマアプリで不要なものを売りましょう。節約を始める第一歩や借金返済、投資の種銭（元本）を増やすためにも有効です。

ここではフリマアプリの有効活用方法について紹介します。うまくいけば家の不用品を売って10万円ほど作れるので、チャレンジしましょうね。

フリマアプリに出品した商品の売れ行きを大きく左右するのが、紹介写真。**写真が綺麗なら売れやすいですよ！**

撮影には明るく鮮やかに撮影できる**Foodie（フーディー）**といった写真編集アプリがお勧めです。さらに100円均一ショップで白い布を買って、白い背景で撮影するとまるでプロのように綺麗に撮れます。

また、撮影した写真には**商品の魅力をアピールする訴求文言も入れましょう！** Phonto（フォント）などのアプリで画像に「新品・未使用・即発送」といった言葉を入れて魅力的に演出しちゃいましょう。画面左下はフリマアプリによっては値段で隠れるので避けてください。

次に重要なのが、値付けです。売りたい商品を検索して、いくらで売れているのか調べましょう。

安くしすぎるともったいないので、**販売中の商品の最安値あたりで設定してみます。**商品の状態で値段も変わるので、どんな状態の商品がいくらで売られているのか、しっかり確認しましょう。

タイトルや説明欄の書き方は、すでに売れた商品をチェックして真似しましょう。Amazonや楽天などネットショップの商品ページの商品説明を参考にすれば簡単です。**傷やマイナスポイントがあれば、きちんと記載した方がトラブルを回避できますよ。**

売れた商品の発送は、送料が安く済む方法で送ります。**なるべく小さく軽くするのがポイントです。衣類を送る際は圧縮袋も活用できます（シワになる場合もあるので説明欄にあらかじめ記載しておくこと）。**

梱包材をわざわざ買うと高いので、新聞紙を活用したり、本を送る際は雨に濡れないようにラップで包んだりと、安くできる工夫をしましょう。

このようなコツを掴めば、スイスイ不用品を売ることができます。自宅のものを売り切ったら、実家にある不用品も売ってみましょう。**数が多ければフリマ代行アプリの「マカセル」が便利ですよ。**

POINT

コツを掴んで家のものをお金に変えよう

ポイ活で最大100万円も夢じゃない

「スキルやパソコン、初期費用がなくても稼げる方法を教えてください」

こんな相談をたまにいただきます。

このような方には「ポイ活」がお勧めです。ポイントサイトで本気を出せば最大100万円稼ぐことも可能だからです。

ポイ活とは、アンケートに答えたり、クレジットカードを作ったり、ゲームを使ったりしてポイントを稼ぐ方法です。貯めたポイントは電子マネーや現金に交換して普段の買い物に使えて便利です!

お金が入る仕組みとしては、サービスを広めたい企業が広告費でポイ活サイトに広告を掲載します。それで、サービスを利用したりするとポイントが入るのです。

ポイ活サイトには「モッピー」や「ハピタス」などがあり、サイトによって同じ案件でも報酬額が違うので、慣れたら複数サイトを併用して報酬が高い方を案件ごとに選びましょう！

また、効率良く稼ぐには、キャンペーン中の高額案件を狙う必要があります。**最も高額なのは不動産関連の面談です！** 不動産投資のセミナーや不動産会社の営業担当者との面談に参加することでポイントがもらえます。

年収や勤続年数の条件をクリアすれば1件で5万ポイントほど稼げる案件が多いです（条件は、年収500万円以上や、上場企業かそのグループ企業もしくは公務員・士業の方、勤続年数1年以上など）。

保険の見直し面談は、不動産関連よりも条件が緩いので受けやすいです（条件は、未成年、無職、学生を除くなど）。これで1回1万ポイントほどもらえます。

クレジットカードの作成も1万ポイント程度と高額ですが、短期間で多数のカードを発行すると新しいカードが作れなくなるので、**多くても月2枚まで**にしましょう。

他にも配達パートナー登録で2万5000ポイントを得られる案件もあります（条件は、30日以内の初回配達）。Uber Eatsなど人気サービスもかなりあるので、ポイントをもらって利用しましょう。

ポイ活は副業よりも気軽に始められてすぐ稼げます！ **多い月は5万ポイント、ポイ活全体では最大100万ポイントほど稼いでいる人もいます。**

ただし、案件には限りがあるので、キャンペーンのタイミングを狙うのが大事ですし、永久には稼げない点は理解して行ってくださいね。あくまでもパソコンやスキルがない人向けの方法です。

POINT

ポイ活をフル活用してお金を稼ごう

ふるさと納税で日用品や消耗品をタダにする方法

「ふるさと納税って良いらしいけど、面倒くさそうでまだやってないです……」

ふるさと納税は２００８年からある制度ですが、やったことはありますか？

ふるさと納税で控除される金額には上限があり、年収４２５万円で控除限度額は年間約４万５０００円です（総務省「全額控除されるふるさと納税額（年間上限）の目安」）。

この計算は複雑なので、各ふるさと納税サイトに用意されているシミュレーターを活用してください。

返礼品は寄付額の3割までと定められているので、前述のケースなら１万３５００円程度の物が届きます。計算すると、**初年度の２００８年からやっている人と約20万円以上の差が！**　これはやらなきゃ損ですね。

ふるさと納税の概要を説明します。まず通常、会社員ならば住民税は後払いで翌年の給料から差し引かれるものです。

しかし、ふるさと納税では、自分が住民票を登録している地域以外に住民税の先払いをします。そのお金は自己負担として2000円だけ差し引かれ、残りが翌年の住民税から割引されて相殺されます。

この先払いを「寄付」と呼び、寄付した自治体で使われます。なので、税金をたくさん集めようと各地域が工夫を凝らした返礼品を用意しています。

さらに、ふるさと納税サイトを利用すると寄付額に応じてポイントバックがあります。例えば、10万円寄付した場合、2000円の自己負担で3万円分の返礼品がもらえ、ふるさと納税サイトで寄付額の15％の1万5000円分のポイントを獲得。**合計4万3千円分もお得になるのです！**（サイトによって返礼率やポイント還元率は異なる）

ふるさと納税の返礼品でお勧めなのは、5倍巻きトイレットペーパーや犬のペットシーツ、プロテインなどの**大量に必要な消耗品**です。肉やフルーツといった生鮮食品の場合は大量に届いた食品を食べきれない人が多いので、寄付額が多い人には月に分けて届けてくれる「定期便」がお勧めです。料理が苦手な人にはお惣菜の定期便などもありますよ。

ふるさと納税は納税額の申告が年に一度必要です。ワンストップ特例制度は、寄付先が5自治体までと制限があり、以前は書類が多く大変でしたが**今はネットで完結するようになりました。**

さらに確定申告で申請する方式では、**令和3年から、ふるさと納税サイトで発行したデータから簡単に申告できるようになりました。**申告がかなり簡略化されたので、恐れずにチャレンジしてみましょう！

POINT

ふるさと納税はやらなきゃ損！

これが正解！一番お得なスマホ決済

「なんとかペイってどれが一番お得なの？ よくわからん！」

ＰａｙＰａｙ、楽天ペイ、ａｕＰＡＹ、ｄ払いなどさまざまなスマホ決済が乱立していますね。これはお得なのでしょうか？

実はクレジットカード決済は１％還元、スマホ決済は１・５％還元というシステムが多いので、**スマホ決済を優先して使うと良いですよ！**

スマホ決済の使い方はアプリを入れて、残高を銀行からチャージか、クレジットカードからチャージしておきます。これで買い物時に、レジでバーコードを読み取ってもらうか、自分でお店のＱＲコードを読み取って支払い金額を入れて支払いをするというわけです。

対応店舗はＰａｙＰａｙが飲食店で多い印象ですが、実はａｕＰＡＹが一番多く（２０２２年11月時点）、どのスマホ決済も全国のコンビニで使えます。**またスマホ決済は送金が簡単にできるので、割り勘で使う人も多いです。小銭の心配が不要ですからね。**

買い物でポイントがもらえる仕組みには、基本還元とクレジットカードからのチャージもしくは経由でもらえる還元があり、この２種類の還元率を合計して計算します。

ＰａｙＰａｙ、ａｕＰＡＹ、ｄ払いはいずれも基本還元率０・５％、ｄ払いのみクレジットカード利用で還元率１％で、楽天ペイは基本還元率１％、クレジットカードで楽天キャッシュをチャージで還元率０・５％の合計１・５％。さらに楽天ポイントカード対象店舗なら提示することで１％還元なので最大還元率は２・５％です。

この紐付けできるクレジットカードはそれぞれ決まっており、ＰａｙＰａｙならＰａｙＰａｙカード、楽天ペイなら楽天カード、ｄ払いはメインはｄカード、ａｕＰＡＹはどのカードでも可能です。

お金に敏感な人に人気なのは楽天ペイ！ 楽天市場で貯まったポイントをコンビニで消費でき、それだけで1％のポイントがもらえます。

ただ、飲み会の割り勘はPayPayの利用が多いので、**楽天ペイとPayPayを両方入れている人が大半ですね。**

スマホ決済は、経済圏と呼ばれる仕組みの影響が大きいので、以降のページで説明していきます。スマホ決済は、現金はもちろん、**クレジットカードよりお得**なので使いこなしていきましょう。

POINT

クレジットカードよりスマホ決済のペイがお得！

みんなに選ばれている
クレジットカードはこれ！

「現金じゃないと不安。クレジットカードは使いすぎてしまう……」

そんなクレジットカード恐怖症の人、いますよね？　カードを使いこなしている側から見ると、超もったいないです。

クレジットカードの還元率は1％程度なので、仮に60年間、毎年100万円の支払いをした場合、累計で60万円分のポイントが還元されます。どうせ死ぬまで買い物をするのですから、**現金主義はさっさとやめましょう。**カードの使いすぎは家計簿をつけるようにすれば解消します。

また、**カードによっては、2年目から年会費が有料のものもあるので、不要なら即解**

約！ お勧めのカードを紹介するので整理しましょうね。

①楽天カード（年会費なし）

- 基本還元率が1％（100円で1ポイント）と高還元率！
- 楽天キャッシュチャージで楽天ペイ払いの際に楽天ポイントカード提示で還元率最大2・5％
- 楽天市場でお買い物マラソン期間と組み合わせて10〜20％程度の還元

②三井住友ゴールドカード（年会費なし）

- カード番号が印字されていないナンバーレスカード
- 基本還元率は0・5％と低めだが毎年、年間100万円の利用で1万円分のポイントがもらえる
- 年会費5500円だが年間100万円以上の利用で翌年以降の年会費が永年無料になる
- SBI証券で投資信託積立の引き落としをクレジットカード決済でき（月5万円ま

で）、カード決済額の1％がポイント還元される

クレジットカードの国際ブランドは、VISA、JCB、Mastercard、American Express、Diners Clubなどがありますが、**1枚目は一番使える場所が多いVISAにしておけば困りませんよ。**

次に使える場所が多いのはMastercardです。JCBにはお得なキャンペーンが多いので契約する人も大勢いますが、使えない場所がけっこうあるので注意です。

POINT

お得なクレジットカード以外は解約してスッキリ！

金利200倍！ 貯めるならネット銀行を使おう

「ネット銀行は不安！」
「窓口がないとなんとなくダメな気がする」

その「なんとなく」でメガバンクしか使わないのはもったいないですよ！　今メガバンクの普通預金金利は0・001％なので、1000万円預けていても毎年増えるのは100円だけ。これではATMの手数料がかかるとマイナスです。

ネット銀行なら普通預金金利が最大200倍になるので、不安をなくして活用していきましょう！　ネット銀行の特徴は以下の通りです。

- コンビニATMで入出金ができ、手数料無料が多い（条件あり）
- 他行への振込手数料が一定回数無料（条件あり）

- スマホやパソコンから24時間振込ができる
- 普通預金は一般の銀行と同じく、元本1000万円まで保護される
- 一般の銀行に比べて金利が最大200倍と高い

お勧めのネット銀行は以下の通りです。

あおぞら銀行BANK

無条件で金利が0・2%。ゆうちょ銀行ATMの手数料が無料なので、ゆうちょのATMが近場にある人にお勧め。

auじぶん銀行

auPAYカード、auカブコム証券、auPAYとの連携で金利が0・2%。ATM利用手数料の無料回数が月2回から。auサービスを使う人にお勧め。

楽天銀行

楽天証券との連携で金利が0・1%。楽天市場のお買い物でポイントがプラス1倍（条件あり）になるので、楽天市場、楽天証券を使う人にお勧め。

住信SBIネット銀行

金利は0・001%ですが、簡単な条件で振込手数料、入出金手数料が月5回以上無料になるので、振込が多い人、SBI証券を使う人にお勧め。

私はメインに楽天銀行、SBI証券用に住信SBIネット銀行、メガバンクしか使えないサービス用に三井住友銀行を使っています。これら3行の活用でATMや振込の手数料を払うことがほぼ無くなりました！

POINT

ネット銀行で金利を上げてATMや振込手数料を無料にしよう！

これが噂の経済圏！ポイントザクザク生活を満喫しよう

実は私、楽天経済圏で約200万円分の楽天ポイントをもらいました！

「楽天経済圏」や「au経済圏」という言葉を聞いたことがありますか？ **これは普段の生活で使うサービスを同じ会社グループに集約し、ポイントをたくさんもらえるようにする仕組みのことです。**

私は学生の頃から36歳の現在まで楽天を利用し、これだけポイントが貯まったのです。

現在は、通販、クレジットカード、証券、銀行、電気、ガス、モバイル、光回線などを楽天グループに集約しており、**楽天市場のお買い物ポイントが常に9倍**です。

さらに、楽天の場合は「お買い物マラソン」という毎月実施のキャンペーンや毎月1

経済圏の一例

	楽天	PayPay	docomo	au
ポイント	楽天ポイント	PayPay ポイント	d ポイント	ponta
スマホ決済	楽天ペイ	PayPay	d 払い	auPAY
お買い物サイト	楽天市場	Yahoo! ショッピング	d ショッピング	auPAY マーケット
ふるさと納税	楽天ふるさと納税	Yahoo! ショッピング	ふるさとチョイス	au PAY ふるさと納税
クレジットカード	楽天カード	PayPay カード	d カード	auPAY カード
銀行	楽天銀行	PayPay 銀行	三菱 UFJ 銀行と提携	au じぶん銀行
証券	楽天証券	PayPay 証券	SMBC 日興証券と提携	au カブコム証券
携帯通信	楽天モバイル	SoftBank、Y!mobile	docomo、ahamo	au,UQmobile
光回線	楽天ひかり	SoftBank 光、SoftBank Air	ドコモ光	au ひかり
電気	楽天でんき（新規申込停止）	ソフトバンクでんき	ドコモでんき	au でんき
ガス	楽天ガス	電気とセットであり	なし	電気とセットであり

日、5のつく日などでポイント倍率がさらに上がるので、基本的に買い物をする時はポイント還元率が15〜20%程度になります。

なので、1000円以上の買い物は楽天市場を利用し、それ以下の買い物はドラッグストアなどで楽天ペイを使い、貯めていた楽天ポイントで支払うという流れです。

楽天経済圏は制度の変

更が続いていますので、他の経済圏もチェックして自分に合うものを見つけましょう！

各経済圏のサービスを前ページの表にまとめました。

年収が高い人には、ふるさと納税で多くのポイントがもらえる楽天とＰａｙＰａｙがお勧めです。

また、貯まったポイントが使えないと意味がないので、お買い物サイトの商品数が多い楽天とＰａｙＰａｙがやはり一歩リードしています。ポイントの入り口と出口を意識して、自分に合った経済圏を選びましょう。

POINT

経済圏でサービスを連携すればポイントがザクザク貯まる

締め切り迫る！ マイナカードで2万ポイントゲット

マイナンバーカードの作成後に申し込みをすればもらえる2万円分のポイントは受け取りましたか？ マイナンバーカードを持っている方で申し込みがまだなら、もったいないので受け取りましょう！

ポイントをもらう手順は3つ。まず、マイナポイントのアプリから申し込みます。

その後、決済サービスの方で、2万円までのチャージまたはお買い物をすると、**5000円分のポイントを受け取ることができます。**

次に、マイナンバーカード発行後に健康保険証としての利用申込みで、7500円分のポイントがもらえます。

最後に、給付金等の受取のために使う公金受取口座の登録をすると、7500円分のポイントがもらえます。

マイナンバーカードの受取では一度役所に行く必要がありますが、他は全てスマホで完結しますので、ポイントがもらえるうちに手続きしましょう！（２０２３年2月1日現在、ポイントの締め切り日は未定）

詳しい手順は私のＹｏｕＴｕｂｅで解説しているので参考にしてくださいね。

もらったポイントは、ＰａｙＰａｙや楽天ポイント、ｄポイントなど人気のポイントのほかモバイルＳｕｉｃａにチャージできるＪＲＥ ＰＯＩＮＴなどさまざまなポイントに変換できます。

特にＪＲＥ ＰＯＩＮＴはキャンペーンでもらえるポイントが１０００円分追加されるのでお勧めですよ！（キャンペーンは終了する場合があります）

マイナンバーカードの健康保険証は、１６３ページで紹介する高額療養費制度の限度額適用認定証機能が備わっているので便利です。

また、医療機関で、マイナンバーカードを保険証利用した場合に初診料は6円、従来の保険証で受診した場合は初診料は12円の負担となり、**マイナンバーカード保険証を利用した方がお得になります。**

他にも、マイナンバーカードがあれば、**確定申告をスマホで完結できたり、新型コロナワクチン接種証明書をスマートフォンアプリで発行できたりします。**証券口座の開設や給付金の受け取りなどさまざまな場面で活躍しますので、作って活用しましょう。

POINT

マイナンバーカードを作ってポイントをもらおう！

申請すれば お金が戻ってくる制度 住宅編

申請すればお金が戻ってくる制度が、実はたくさんあります。しかし国や自治体は向こうから教えてはくれません。

自分で調べて情報を集め、自分で手続きしないとダメなのです。検索力が弱いと、人生損をしますので、得する方法がないのか常に調べる癖をつけましょう。

まずは住宅関係から紹介します。制度は自治体によって内容が違うものも多いので、気になった制度は国や自治体に確認してください。

①（持ち家）住宅ローン減税

- 住宅ローン残高の0・7％を所得税・住民税から最大13年間控除する制度

- 条件例：住宅の床面積が50平米以上で2分の1以上が居住用など

②（持ち家・賃貸）子育てファミリー世帯住居支援

- 家賃補助や引っ越し代の助成が得られる
- 東京都新宿区の例：引っ越し代最大10万円の助成
- 福島県石川町の例：持ち家で新築住宅なら70万円、中古住宅なら35万円の助成

③（賃貸）特定優良賃貸住宅

- 指定の住宅で最長20年間の家賃補助が受けられる、礼金・仲介手数料、更新料が不要
- 条件例：夫婦または親子を主体とした家族で世帯月収20万〜60・1万円

④（賃貸）高齢者向けの特定優良賃貸住宅

- 条件例：本人または同居者が満60歳以上、単身者も対象

⑤（賃貸）住居確保給付金

- 離職や廃業した人が家賃３〜９ヶ月分の給付を得られる
- 条件例：離職や廃業後２年以内、預貯金が１００万円以下の人が対象

POINT

お得な制度がないか自分で調べる癖をつけよう

申請すれば お金が戻ってくる制度 仕事編

私は社会人になったばかりの頃、月170時間の残業をしており、生理が止まり眩暈と吐き気で倒れました。**そんな時にお金の不安をカバーしてくれたのが傷病手当金です。**他にも働けなくなったり収入が減ったりした場合に役立つ制度があります。いざその時になると体調が悪くメンタルも落ち込むので、**元気なうちに理解しておくことが大事です。**

また、雇用関係の給付は会社の健康保険でカバーされるケースが多く、個人事業主が加入する国民健康保険ではもらえない場合も多いので、**個人事業主の場合はより詳細に条件を確認しておくと良いでしょう。**

①傷病手当金（会社で手続き）

- 最大1年6ヶ月、標準報酬月額の3分の2がもらえる。退職後でももらえる（条件あり）
- 条件例：業務外の事由による病気やけがで4日以上仕事に就けなかったこと

②失業給付（ハローワークで手続き）

- 失業後、基本手当日額＝賃金日額×給付率（およそ50〜80％）の金額がもらえる
- 自己都合退職だと給付まで原則7日と2ヶ月かかり受給期間も減るので注意
- 条件例：離職以前1年間に、雇用保険の被保険者期間が6ヶ月以上ある

③再就職給付金（ハローワークで手続き）

- 失業後の再就職で再就職手当がもらえる
- 条件例：失業手当の給付期間を3分の1以上残した状態で就職が決定した方

④年金の免除（市区町村窓口で手続き）

- 国民年金の保険料を納めるのが経済的に困難な場合、保険料の納付が猶予されたり、免除を受けられたりする。免除される額は全額、4分の3、半分、4分の1の4種類。保険料の全額免除期間については、平成21年4月分より全額納付した場合の年金額の2分の1が支給される（それ以前は3分の1）
- 条件例：所得が一定額以下や失業した場合など
- 条件例：本人または同居者が満60歳以上

⑤住民税の減免（市区町村窓口で手続き）

- 住民税の減免ができる。詳細は市区町村ごとに異なる
- 条件例：前年に比して収入が激減したことで、生活が著しく困難となった場合

⑥職業訓練受講給付金（ハローワークで手続き）

- 無料の職業訓練を受講しながら月10万円の給付を2～6ヶ月（最長2年）受給可能
- 条件例：雇用保険被保険者や雇用保険受給資格者でないこと

⑦高年齢雇用継続基本給付金（会社で手続き）

- 定年後に再雇用で働く際、給与の低下に対して給付金がもらえる
- 条件例：60～64歳。基本手当（失業保険）を受給していない。平均給与が75％未満に低下した

⑧高年齢再就職給付金（会社で手続き）

- 定年後に基本手当を受給後、再就職して働く際給与の低下に対して給付金がもらえる
- 条件例：60～64歳。基本手当を受給した。平均給与が75％未満に低下した

⑨高年齢求職者給付金（ハローワークで手続き）

- 65歳以上の失業で、日額5～8割の金額を30～50日分一括でもらえる
- 条件例：65歳以上で失業。離職時に雇用保険に加入しており、被保険者であった期間が1年未満と1年以上で支給日数は異なる

⑩介護休業給付（会社で手続き）

- 介護で2週間以上休業した場合、休業時に賃金の67％が給付される
- 条件例：休業を開始した日より前2年間に雇用保険の被保険者期間が12ヶ月以上ある

POINT

元気なうちにいざという時の制度を理解しておこう！

申請すれば
お金が戻ってくる制度　医療編

視力回復手術をする人が増えていますよね。**意外と知られていませんが、視力回復手術など自由診療の治療や手術も医療費控除の対象になるものもあります。**平均年収の人なら所得税20％と住民税10％の分が確定申告で返ってきますよ。

他にも前述の高額療養費制度（51ページ参照）など、日本は充実した国民皆保険制度のおかげで医療費が世界的に見ても最安の国なので、ここは必ず押さえて、健康で文化的な生活を送りましょう！

①医療費控除

概要：年間10万円を超える医療費が控除され、所得税と住民税が安くなる

条件：納税者とその生計を共にする家族に支払った医療費であること。自由診療も

対象になるものもあり

②セルフメディケーション税制（医療費控除の特例。医療費控除との併用は不可）

概要：年間1万2000円を超える特定一般用医薬品等の購入費が控除される

条件：納税者とその生計を共にする家族に支払った医療費であること

③高額療養費制度

概要：同一月にかかった医療費のうち、自己負担限度額を超えた分が払い戻される（自己負担限度額については、次のページの表を参照）。限度額適用認定証かマイナンバーカードの保険証で限度額以上の支払いが最初から不要になる

条件：保険適用の医療費に限る

④人間ドック費用の助成金

概要：人間ドック費用の5～8割程度の補助金もしくは助成金が受けられる

条件：市区町村や健康保険協会、健康保険組合、保険会社によってはない場合がある

高額療養費制度　ひと月の自己負担上限額

〈69 歳以下の方の上限額〉

適用区分	ひと月の上限額	多数回該当の場合
年収約 1,160 万円～ 健保：標準報酬月額 83 万円以上 国保：旧ただし書き所得 901 万円超	252,600 円＋(医療費－842,000 円)×1％	140,100 円
年収約 770 万～約 1,160 万円 健保：標準報酬月額 53 万～ 79 万円 国保：旧ただし書き所得 600 万～ 901 万円	167,400 円＋(医療費－558,000 円)×1％	93,000 円
年収約 370 万～約 770 万円 健保：標準報酬月額 28 万～ 50 万円 国保：旧ただし書き所得 210 万～ 600 万円	80,100 円＋(医療費－267,000 円)×1％	44,400 円
～年収約 370 万円 健保：標準報酬月額 26 万円以下 国保：旧ただし書き所得 210 万円以下	57,600 円	
住民税非課税者	35,400 円	24,600 円

※1つの医療機関等での自己負担（院外処方代を含む）では上限額を超えないときでも、同じ月の別の医療機関等での自己負担（69 歳以下の場合は2万1千円以上であることが必要）を合算することができる。この合算額が上限額を超えれば、高額療養費の支給対象となる。

〈70 歳以上の方の上限額〉

<table>
<tr><th colspan="2" rowspan="2">適用区分</th><th colspan="2">ひと月の上限額</th><th rowspan="2">多数回該当の場合</th></tr>
<tr><th>外来
(個人ごと)</th><th>(世帯ごと)</th></tr>
<tr><td rowspan="3">現役並み</td><td>年収約 1,160 万円～
標準報酬月額 83 万円以上／
課税所得 690 万円以上</td><td colspan="2">252,600 円＋(医療費－842,000 円)×1％</td><td>140,100 円</td></tr>
<tr><td>年収約 770 万～約 1,160 万円
標準報酬月額 53 万円以上／
課税所得 380 万円以上</td><td colspan="2">167,400 円＋(医療費－558,000 円)×1％</td><td>93,000 円</td></tr>
<tr><td>年収約 370 万～約 770 万円
標準報酬月額 28 万円以上／
課税所得 145 万円以上</td><td colspan="2">80,100 円＋(医療費－267,000 円)×1％</td><td rowspan="2">44,400 円</td></tr>
<tr><td>一般</td><td>年収 156 万～約 370 万円
標準報酬月額 26 万円以下
課税所得 145 万円未満等</td><td>18,000 円
(年 144,000 円)</td><td>57,600 円</td></tr>
<tr><td rowspan="2">住民税非課税等</td><td>Ⅱ 住民税非課税世帯</td><td rowspan="2">8,000 円</td><td>24,600 円</td><td rowspan="2">同左</td></tr>
<tr><td>Ⅰ 住民税非課税世帯
(年金収入 80 万円以下など)</td><td>15,000 円</td></tr>
</table>

※1つの医療機関等での自己負担（院外処方代を含む）では上限額を超えないときでも、同じ月の別の医療機関等での自己負担を合算することができる。この合算額が上限額を超えれば、高額療養費の支給対象となる。

出典：厚生労働省保険局「高額療養費制度を利用される皆さまへ（平成30年８月診療分から）」

⑤障害年金・障害厚生年金・障害手当金

概要：障害の状態になって働けなくなったらもらえる年金。厚生年金に加入していれば、障害厚生年金が上乗せで支給される。初診日から5年以内に病気やけがが治り、障害厚生年金に該当する状態よりも軽い障害が残った場合には障害手当金（一時金）が支給される

条件：病気やけがによって生活や仕事などが制限されている状況かどうか

⑥遺族基礎年金・遺族厚生年金

概要：亡くなった方によって生計を維持されていた遺族が受け取れる年金

条件：遺族基礎年金は、18歳到達年度の末日までの子どもがいないと受け取れない。
遺族厚生年金は、子どもの有無に関係なく妻は一生涯受け取ることができる
（ただし、子どものいない30歳未満の妻は5年間の有期年金）

⑦葬祭費補助金

概要：葬儀や埋葬を行う人に5万円程度支給される

条件：国民健康保険に加入する被保険者が死亡した場合は葬祭費が5万円程度。社会保険や各共済組合に加入する被保険者が死亡した場合は埋葬料（費）が5万円

POINT

国の制度をマスターして、健康で文化的な生活を送ろう！

誰でもできる！ズボラな人にはほったらかし投資

節約が進むとお金が貯まってきますよね。そうすると、どう思いますか？「このお金、増やせないかなぁ」と考えるようになりますよね？

また老後は2000万円必要と言われていますが、さすがに2000万円は大金なので効率よく増やしたいところです。**政府はその手段として「つみたてNISA」や「iDeCo」を推奨しています。**

名前だけは聞いたことがあるのではないでしょうか？ **これらは、ズボラな人にもできる「ほったらかし投資」を応援する制度です。**ここからは節約を頑張った後に、そのお金を増やす方法について話していきます！

つみたてＮＩＳＡとは、２０１８年1月からスタートした非課税制度。よく勘違いされますが、商品のことではありません。

年間40万円まで投資できる非課税の証券口座の枠というイメージです（２０２４年以降は変更あり）。特徴として、つみたてＮＩＳＡの枠内で買える商品は、手数料が低水準で長期・積立・分散投資に適したものが国の基準で厳選されています。そのため、リスクが高い商品を購入する恐れが少ないので、投資初心者にお勧めですよ！

ｉＤｅＣｏ（個人型確定拠出年金）、企業型ＤＣ（企業型確定拠出年金）も税制優遇制度ですが、年金型なので受け取れるのが60歳以降と縛りがきついです。

代わりに節税額が大きく、会社員が使える節税対策として人気があります。月々の掛け金は全額控除されて課税所得が減るので、特に高収入の人にとっては毎年の節税効果も十分。

例えば、年収６５０万円（所得税率20％・住民税10％）の会社員が、毎月２万３００0円の掛け金を拠出する場合、年間８万２８００円の節税効果があります。20年間積み立てを続けた場合、累計165・6万円も節税効果があるのです！

また、2024年度からNISA制度の改革が行われ、これまでよりも投資できる金額が上がり（最大1800万円）、期間も恒久化されてよりお得になります！

元々の制度では、つみたてNISA年間40万円で非課税期間20年間、一般NISA年間120万円で非課税期間5年間で、それぞれどちらかしか同年で選べなかったので、最大投資可能額はつみたてNISAで800万円、NISAで600万円でした。これではつみたてNISAの満額を年利5％で20年運用した場合、元本792万円＋運用益約564万円＝合計約1356万円と夫婦の老後資金には不足していました。

しかし2024年からの制度では、年間90万円を年利5％で20年運用した場合、元本1800万円＋運用益約1283万円＝合計約3082万円となり、かなりの余裕が生まれます。

この数字を見れば、**NISAで老後2000万円問題は解決する**のがわかりますね！

POINT

貯めたお金はつみたてNISAとiDeCoで増やす

つみたてNISAやiDeCoなら「これ」を買え！

つみたてNISAやiDeCoで購入できるのは、投資信託という株のパッケージ商品になります。その中でも、**米国や全世界の企業をパッケージにしたものが人気**です。日本人であっても、経済成長が見込めない自国ではなく、世界経済の中心である米国を主軸とした商品に投資する方が賢明だと考える人が多いためです。

投資信託はパッケージングの基準になる指数（インデックス）が存在し、それによって商品が決まってくるので代表的な指数を紹介します。

米国の指数S&P500は、米国の約500銘柄を指数化したもので一番人気があります。全米の指数CRSP USトータルマーケットインデックスは、米国の中小型株も含めた約4000銘柄を指数化したもので、アメリカの成長により期待している人に人気です。

全世界の指標ＭＳＣＩ ＡＣＷＩは、米国以外の先進国や新興国の成長も期待する人向け。

指数に連動した投資信託（インデックスファンド）を選ぶ際は、その中で信託報酬という手数料が安いものにすれば余計なお金を払わずに済みます。信託報酬とは、投資信託を管理・運営してもらうための経費として、投資信託を保有している期間中はずっと発生する費用のこと。信託財産の中から「純資産総額の年率０・１～２・０％」といった形で毎日差し引かれるので、信託報酬が高いと、その分利益が目減りすることになります。信託報酬が安いインデックスファンドの一覧と購入できる証券会社は172ページの表の通りです。

全米を買う人にはＳＢＩ証券、楽天市場を使う人には楽天証券がお勧めです。

POINT

つみたてNISAやiDeCoでインデックスファンドに投資する！

信託報酬が安いインデックスファンドの一覧&証券会社

投資対象	インデックス	投資信託	信託報酬	主な取り扱い証券会社
米国	Standard & Poor's 500 Stock Index 米国の約500銘柄に投資	SBI・V・S&P500インデックスファンド	0.0938%	SBI証券 auカブコム証券 マネックス証券
		eMAXIS Slim 米国株式(S&P500)	0.0968%	楽天証券 SBI証券 auカブコム証券 マネックス証券
全米	CRSP US Total Market Index 米国の約4,000銘柄に投資	SBI・V・全米株式インデックスファンド	0.0938%	SBI証券
		楽天・全米株式インデックスファンド	0.1620%	楽天証券 SBI証券 マネックス証券
全世界	MSCI All Country World Index 全世界の約3,000銘柄に投資	eMAXIS Slim 全世界株式(オールカントリー)	0.1144%	楽天証券 SBI証券 auカブコム証券 マネックス証券
	FTSE Global All Cap Index 全世界の約8,000銘柄に投資	SBI・V・全世界株式インデックスファンド	0.1338%	SBI証券
		楽天・全世界株式インデックスファンド	0.199%	楽天証券 SBI証券 auカブコム証券 マネックス証券

資産が半分に！ インデックス投資の罠

ここまでの話でつみたてNISAやiDeCoを活用してお金を増やすぞ！ という気持ちになったかと思いますが、投資には注意すべきこともあります。

私が推奨するのは、市場の値動きに連動したインデックスファンドを、つみたてNISAやiDeCoを活用しながら、毎月少額ずつでも最低20年は積み立てを続ける投資方法です。**これを「インデックス投資」といいます。**

そもそもなぜお金が増えるのかというと、米国や全世界が長期的には経済成長を続けているため株価が上がるのと、複利効果が効くという理由があります。

複利はアインシュタインが人類最大の発明と言ったことでも有名です。複利とは、利息が元本と合算されて、そこにさらに利息がついていく、利息に利息がつく仕組みのこと。反対に、元本にしか利息がつかないのが単利です。

この複利は最初のうちは単利とそこまで差は出ませんが、**20年目以降に差が大きくなります。**

また、経済成長も今日明日では変化がなく数十年を要します。なので、**投資は20年以上続けないと、その恩恵を受けられない、と考えた方が安全です。**


逆に、投資は短期では大きく価格が変動しがち。リスクの高い商品なら価値がゼロになることもありますし、自分のお金以上に取引をする信用取引をしていればマイナスになることもあります。

そして、比較的リスクが低いインデックス投資でも最悪半分になってしまうことも！

実際の経済は景気動向や各企業の業績などに左右されるので一定には上がらないからです。

このように、投資は常にジグザグを繰り返しながら、長い目で見れば成長して上がっていきます。なので、**短期のジグザグ部分では投資額より減ることがあるのです！**

左のグラフの通り、過去の株式の値動きでは、投資を開始して5年間は下がる場合も

世界の株価動向指数（MSCI ワールド・インデックス）**で見た投資収益率**（年率換算／保有期間別）

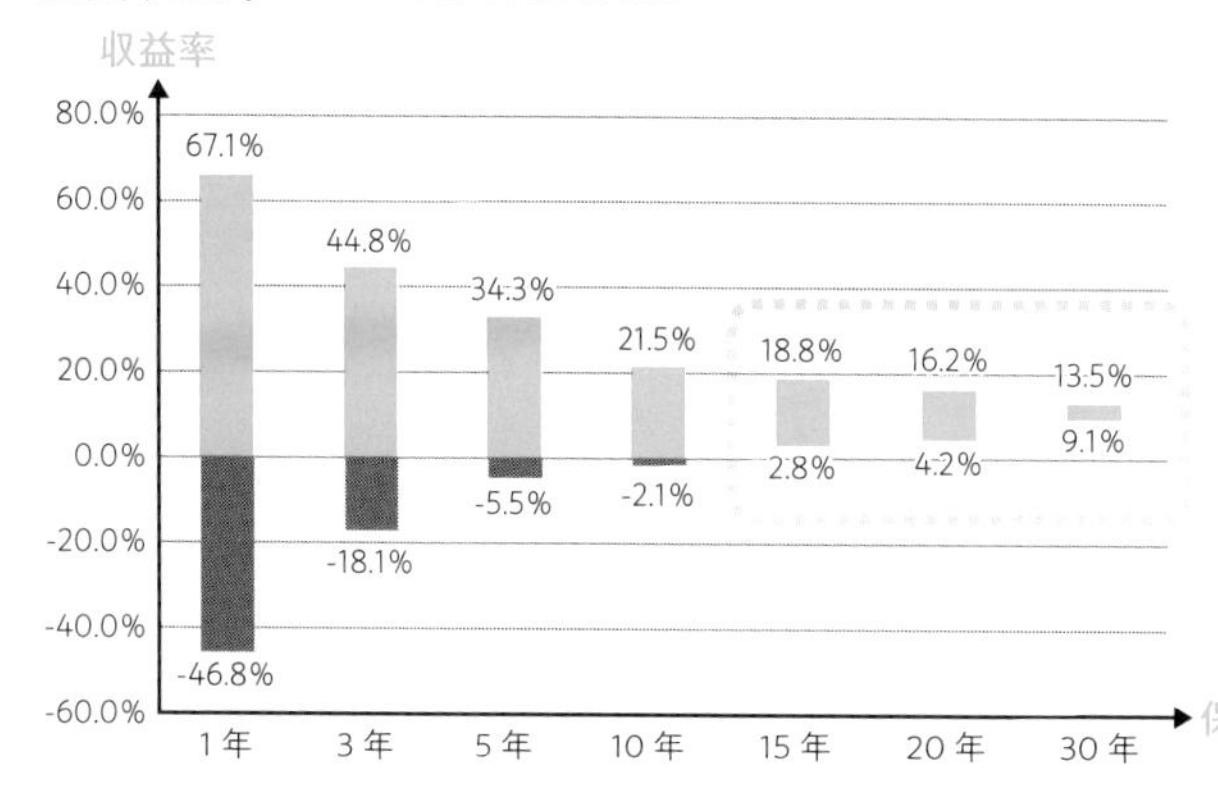

出典：「東海東京証券　世界の株価動向指数で見た投資収益率」より

多く、最悪半分に。

これまでは、15年経てばどんなに高い時に買ってもプラスに転換し、20年以上で平均年利5％程度になっています。

ここを知らずに短期で増えると勘違いし、2、3年で失敗したと騒いで投資をやめてしまう人が多いので気をつけましょう。

POINT

インデックス投資は20年以上続けないと意味がない

ちょっと待って！あなたはいくら投資していいの？

投資は余裕資金で行うのが鉄則。**100万円を貯金できてから始めましょう。**貯金以前に借金がある場合は借金返済が先です。

借金がなく、100万円貯まっていれば、**つみたてNISAの2023年1月時点での最大年間40万円から始めましょう。**

ここで元の100万円は取り崩さず、それ以上に貯められるお金で投資してください。100万円は病気になった時の命綱ですので、手をつけてはダメなのです。

Chapter0で紹介した「先取り貯金」のお金を、つみたてNISAに振り分けるとよいでしょう。

ただし、全額を投資に回すのではなく、生活防衛資金（1年分の生活費、一人暮らしなら300万円程度が目安）も同時に貯めていきましょう。

また、子どもの学費など15年以内に使う予定のお金も先に現金で貯めていきます。

生活防衛資金や学費が貯まっていれば、それ以上は好きな割合で投資して構いません。**つみたてNISAとiDeCoの限度額を超える金額については、特定口座という課税口座で投資します。**課税といっても売却時の利益にしか課税されないので、気にしすぎなくて大丈夫です。

他にも、年齢で割合を考える方法があります。20歳なら資産の20％は現金か国債で持ち、80％を株式投資に回す、50歳なら半分ずつです。

円と外貨のバランスを取る意味でも、債権は国債がお勧め。

もしくは無リスク資産という意味では債権は現金で代用しても問題ありません。この現金には生活防衛資金も入れて計算して大丈夫です。

55歳以上の人や、健康に問題がある場合は、安定して増える見込みが高まる20年後を迎える前に病気になってしまう可能性もあります。

もし、その時投資信託の価格が購入時よりも下落していたら、急いで現金化したいのに、引き出すと損失が出てしまうといった事態にもなりかねません。

男性72・68歳、女性75・38歳という2019年の日本人の平均健康寿命（厚生労働省より）を前提にするならば、**男性は遅くとも55歳までに投資を開始しておくのがよいでしょう。**また、インデックス投資をするなら健康への投資もセットです！

投資金額が決まったら早速開始！　証券口座の開設や購入方法の操作画面の解説は、あなたのためにまとめていますので、私の公式LINE「@845ekngu」で検索してください。

POINT

投資金額が決まったら早速開始！

投資より確実に増える！年金の繰下げ受給

ここからは、投資以外にもお金を増やす方法をお伝えします。**利率だけでいうと投資よりも確実でたくさん増えるのが、「年金の繰下げ受給」です。**

老齢基礎年金の受給開始は原則65歳からですが、本来よりも早く受け取る「繰上げ受給」と、受給開始を遅らせる「繰下げ受給」という制度があります。

いずれも最大5年間、1ヶ月単位で受給開始時期を指定できます。**繰上げ受給は1ヶ月繰上げるごとに0・4%ずつ減額されますが、繰下げ受給は1ヶ月ごとに支給額が0・7%増額されます。**

70歳からの受給開始にした場合、それ以降の受取額は42%もアップします。しかも年金なので生きている限り支給されます。

ただし、**一度繰上げや繰下げの請求をすると後で取り消しはできず、支給率も生涯変**

わらないので、慎重な判断が必要です！

何歳まで生きるかは誰にもわかりません……。受給開始までの資金があるか、再雇用などで延長して働ける人で、長生きする自信のある人は、年金の繰下げ受給を検討してみましょう。

ちなみに最大75歳まで繰下げできますが、流石に寿命が近く、もらえる期間が短くなって損する可能性が高いので怖いですよね。具体的にこの損益分岐点が何歳なのか、次ページの表で確認できます。

60歳の繰上げ受給をした場合76歳以上生きると損ですし、70歳の繰下げ受給をした場合、81歳以上生きないと損です。男性の平均寿命は81・41年で健康寿命は72・68年、女性の平均寿命は87・45年で健康寿命は75・38年なので、**女性は70歳の繰下げ受給がお勧めです。一方、男性は繰下げ受給前に健康寿命が尽きて働けなくなり、お金が必要になる可能性も高いので、お勧めしません。**

POINT

長生きするなら年金の繰下げ受給の方が確実に増える！

法改正後の繰上げ繰下げの損益分岐点は？
（年金月額16万円の場合）

	受給開始年齢	年間受給額	増減率	損益分岐年齢
繰上げ	60歳	145万9200円	-24.0%	80歳未満
	61歳	155万1360円	-19.2%	81歳未満
	62歳	164万3520円	-14.4%	82歳未満
	63歳	173万5680円	-9.6%	83歳未満
	64歳	182万7840円	-4.8%	84歳未満
	65歳	192万円	0.0%	—
繰下げ	66歳	208万1280円	8.4%	77歳以上
	67歳	224万2560円	16.8%	78歳以上
	68歳	240万3840円	25.2%	79歳以上
	69歳	256万5120円	33.6%	80歳以上
	70歳	272万6400円	42.0%	81歳以上
	71歳	288万7680円	50.4%	82歳以上
	72歳	304万8960円	58.8%	83歳以上
	73歳	321万240円	67.2%	84歳以上
	74歳	337万1520円	75.6%	85歳以上
	75歳	353万2800円	84.0%	86歳以上

上記の表は2022年4月1日以降60歳を迎える人が対象。
71歳以降の繰り下げは1952年4月2日以降生まれが対象。

出典：「ダイヤモンドZAi　2021年4月号」より

日本人の99％は知らない！税金のカラクリ

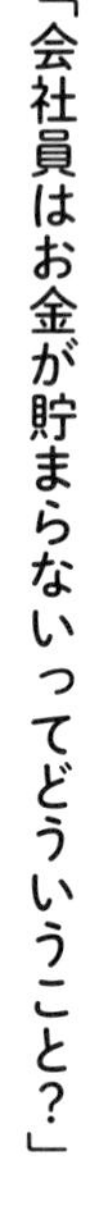

「会社員はお金が貯まらないってどういうこと？」

会社員の年収の中央値は４００万円、自営業者は２００万円ほどという調査結果が多いので、金額だけを見ると「会社を辞めたら貧乏になるんだ！」と思いますよね。

しかし実際の年収２００万の自営業者は、年収６００〜１０００万のサラリーマンと同レベルの生活が出来ます。これは経費や控除が影響しているから。

所得（≒利益）に対して税金がかかるので、自営業者と比べ優遇されているものは給与所得控除ぐらいである会社員より、**経費や控除がたくさん用意されている自営業者は、手残りが増えやすいというカラクリがある**のです。

経費や控除の例は次の通り。

経費にできるもの

- 打ち合わせの食事代（接待交際費）
- 家賃や光熱費の一部
- 給料や賞与（専従者給与を手伝う家族に対して支払い経費にすることが可能）
- 経営セーフティ共済（月20万円、総額８００万円までの掛金が経費になる。加入時と解約時の税金の差額が節税になる）

控除されるもの

- 小規模企業共済（積み立てによる退職金制度。年間84万円までの掛金が全額所得控除になる）
- iDeCo（最大年間81・6万円までの掛金が全額所得控除になる）
- 青色申告特別控除（残った利益に対して最大65万円控除できる）

こんなに節税の幅が広いので、**粗利が７００万円あっても税金はゼロになることも。**

会社員で年収７００万円だと、所得税と住民税で約99・7万円かかり、さらに家賃などが引かれます。なので、最後に残るお金が自営業者よりも少なくなる場合があるのです。

もちろん、会社員には雇用保険や退職金があり安定感が高いです。会社員は国民年金と同時に厚生年金にも加入しているので、老後に受け取れる年金も、自営業者より多いです。

昔の自営業は店舗型が多くリスクが高かったので、安定した公務員や会社員を希望するのは自然でした。しかし、最近はパソコン1台あれば稼げるので、自営業のリスクは昔に比べると少なくなっています。

なので、副業から始めて、会社に頼らなくても稼げるようになれば、自営業者になって節税に励むのも、一つの選択肢かもしれません。

POINT

年収2００万円で豊かに暮らす背景に、税金のカラクリがある

それでもお金に困ったら杵築市に住め！

広い日本、探せば月10万円以下で暮らせる場所があります。
例えば**大分県の杵築市**はご存知ですか？　ここはワンルームの家賃相場が2万円程度と格安です！　しかも暖かい海沿いのコンパクトシティで、車なしでも生活できます。
その結果、**なんと月の生活費が家賃込みで5万円程度**なのです！
そのため、ＦＩＲＥ（経済的自立と早期リタイア）を実現するには通常5000万円以上の資産が必要なところ、2000万円程度でも実現可能となり、**「FIREの聖地・杵築」と呼ばれています。**私も老後お金がなくなったら杵築に行きます。一緒に楽しい杵築ライフを送りましょう。

世界に目を向けると、**東ヨーロッパのジョージアという国が物価の安さでFIREの**

聖地になっています。ジョージアはヨーロッパの文化で物価が安いという快適さで人気の国です。こちらの生活費は家賃込みで月7万程度。最近はタイやマレーシア同様に物価がだんだん上がってきていますが、それでもまだまだ安いです。

しかもビザが簡単に更新できますので、滞在期間を気にしなくていい！　医療費がそんなにかからない現役世代で海外移住したい人にはこちらもお勧めですね（物価やビザの条件は日々変わるので、その時最適な聖地を探しましょう）。

次は、いよいよ最終章。私はミニマリストという生き方に出会って人生が１８０度転換し、モノとのつき合い方やお金の使い方、人生に対する考え方までガラリと変わりました。次章では、ミニマリスト生活を通して私が学んだことをお伝えします。

POINT

お金がなくても楽しく暮らせる場所がある！

心理学で読み解く お金が貯まる メカニズム

モノを減らせば自然にお金が貯まる本当の理由

「モノが多い方が安心、裕福な印象……」

これは、戦後にモノがなかった時代の価値観です。**今はモノより経験が人生を豊かにする時代。**思考もアップデートしていきましょう！

まずモノが多いと整理収納という仕事が増えます。整理収納は資格があるくらいなので難しく、一時的にプロが片付けてもすぐに元通りになってしまうとか。

整理収納をプロに依頼する人の悩みは**「どこから手をつけていいかわからない」「モノの置き場所が決まらない」「収納をしても継続してそこに戻せない」**などです。

こうした悩みから解放されるために、勉強して整理収納の資格を取りますか？　またはお金を出してハウスキーパーを雇いますか？　もしくは、片付け上手の奥さん・旦那さんを探しに結婚相談所に登録しますか？

私は整理収納が下手くそなので、手っ取り早くモノを捨てました！

私も昔はミニマリストとは逆の、**モノが多いマキシマリスト**だったのです。幼稚園の頃にはぬいぐるみを数百個、家中に並べていましたし、学生時代は、４畳半の部屋にソファ、テレビラック、こたつ、勉強机と椅子、ドレッサーなどを詰め込みました。

そんな私も、結婚後の別居でお金がなくなって、家中のものを売り捌いてからはミニマリストに転身！　モノが多かった時はお金がなかなか貯まりませんでしたが、**モノを減らした途端に貯金できるようになったのです。**

「そんなに贅沢はしていない。できるだけ出費を抑えるために、安いモノを買っている。なのに、お金が貯まらないんです……」

そんな方はモノを捨てると一気にお金が貯まるかもしれませんよ？

POINT

モノを減らすとお金が貯まる

快楽ホルモンによる依存症の恐怖

「デパートで見た時はあんなに欲しいと思って衝動買いしたのに、結局着てないな〜」そんな服があふれていませんか？　そもそもなぜ着もしない服を買ってしまうのでしょうか？　あの「欲しい！」という熱い感情は一体なんなのでしょうか？

人間は欲しいモノが手に入ると気分が高揚し、幸せな気持ちになります。**これはドーパミンという神経伝達物質が分泌されるためです。**

ドーパミンは「何かに期待している時に一番出る」という特徴があるので、**欲しいものを手に入れる前が一番多く分泌されているのです。**さらに、ストレスが溜まっていたり、寝不足だったりするとより顕著になります。

しかし**ドーパミンの作用は長く続かないという特徴がある**ので、購入する時がピークで、買って帰り、その服を着る予定が入るのを待っている間に消えていってしまいます。結果、「あの時はあんなに欲しいと思ったのに〜。今は貯金が減って後悔している……」という状況に陥るのです。

また、ドーパミンには、その快楽を忘れられずに**依存症になりやすい**という特徴もあります。

私も残業が月170時間あった時は、常にストレスいっぱいで寝不足状態。休みは必ず買い物に行っていました。そして買い物依存症になり、20代の頃に稼いだお金は1円も残らなかったのです。

他にも、リボ払いで借金をして返せなくなった人の相談をよく受けます。もう完全に依存症ですよね。それだけドーパミンの快楽は強く、短く、また欲しくなるのです……。

ドーパミンの罠から逃げるにはどうしたらいいのでしょうか？

ずばり、「モノを捨てること」が絶大な効果を発揮します。実は、モノを捨てることもまた、快楽を感じさせドーパミンが出るのです。

対象は何であれ、達成感を覚えた時に脳内でドーパミンが盛んに分泌されます。

私は、別居してお金がなかった頃、家のあらゆるものを売ったり捨てたりして、家の中は驚くほどすっきりした気持ちの良い空間になりました。**捨てる行為はあまりにも気持ち良く、物欲は収まったのです。**

また、物欲が収まると、出費が減り貯金が増えていきますから、そこに快楽を感じるようになります。

このように、ドーパミンはお金を使う方向に向けるのではなく、お金を貯める方向に向けることで楽しくお金を貯めることができますよ。

POINT

モノを捨ててお金が貯まる快楽に方向転換!

ニュースを見るとお金が減る「恐怖管理理論」

「悲しい事件が起こってしまいました……」

朝から沈痛な表情で、悲惨な事件を伝えるアナウンサー。人気芸能人の自殺や元総理の銃撃事件、海外の戦争、感染症による死亡者数の読み上げなど、暗い口調で次々と情報が伝えられます。

そしてコマーシャルに入り、自動車事故で困った時の保険や、仕事終わりにグビグビ飲めるビール、家族を幸せにするドラマティックなショッピングサイトの映像が流れ……。これは先ほどのニュース番組のスポンサー企業の商品です。

なぜこの会社はニュース番組のコマーシャル枠に何億円もお金を払っているのでしょうか？

その答えは、ベストセラーの『スタンフォードの自分を変える教室』（大和書房）で紹介されている「**恐怖管理理論**」にあります。

「自分もいつかは死ぬ運命にあると意識するとき、人はありとあらゆる誘惑に負けやすくなる。脳が意識的にでも無意識にでもこの種の不安を感じると、何でもいいので安心感や未来への希望を得ようとする」

というものです。

人は悲惨なニュースを見て死を意識すると、一時的にでも自分を幸福な気分にしてくれるお酒や新商品、高級ブランドなどに飛びついてしまうのです！

また、自分が交通事故や病気に見舞われることを意識し保険に入ってしまいます。

なので、企業はお金をかけてニュース番組のコマーシャル枠を獲得し、スポンサーからの収入で成り立つテレビ番組も、積極的に悲惨なニュースを集め放送するのです

これはニュースでなくても最後に主人公が死ぬ映画などでも同様の効果があります。

私はテレビを捨ててから急速に物欲が減っていきました。

金曜日は夜遅くまでテレビ番組や海外ドラマを見て、土曜日は目的なくデパートに買い物に行くというお決まりのコースから、夜は早く寝て土日も朝7時からヨガで汗を流す生活に激変！

このように私たちの物欲は、巧妙なマーケティング戦略によって生み出されています。なので、あなたは作られた恐怖と幸せから目覚め、本当の自分の感情を取り戻す必要があります。

POINT

その感情は、作られた物欲だった

モノがあるからモノを買う「ディドロ効果」

モノを捨てたら物欲が減ったとお話ししましたが、それはなぜでしょうか？

実は**モノがあるから物欲が増える**のです。これには「ディドロ効果」が働いています。

ディドロ効果とは、**気に入ったモノが手に入ると、それに合わせて周辺のモノも揃えたくなるという心理的効果**のことです。18世紀のフランスの哲学者ドゥニ・ディドロのエッセイにちなんで命名されています。

「ディドロはある日プレゼントされた美しいガウンを気に入り、それに合わせて家のあらゆるモノを高級品に買い替え、ついには借金を負うことになってしまった！」という話です。

あなたも同じような経験をしたことはありませんか？ iPhoneに合わせてアップルウォッチを買ったり。IKEAに行けば部屋一式セットになったインテリアに目を奪われ、エステの脇脱毛500円をお得だと思ってお店に行ったら、全身脱毛をしたくなって数十万円の契約をしてしまった人も少なくないですよね？

「1つだけならいいかな……」。そう思って1個目を手に入れてしまえば、**ディドロのガウンのように家のあらゆるモノを変えたくなってしまう**のです。

企業はディドロ効果を活用してモノを売りますから、目玉商品は安くしたり無料にしたりして、そこを入り口に高い商品や買い続けなければいけない消耗品を売り込みます。だからこそ、**モノを捨てればディドロ効果は働きません**。インテリアを揃えるも何もモノがないですからね。

余計なサービスの契約も無料だろうとしない方が賢明です。今のモノを減らすことで、この先のモノの侵入を防ぎましょう！

POINT

あれもこれも全部欲しくなるループから抜け出そう

30万円の支払いもいとわない「アンカリング効果」

「キッチンを大理石にしませんか？」
「車のシートをグレードアップしませんか？」

何か物を買おうとすると付属オプションを勧められますよね？　これは「**アンカリング効果**」を狙った手法です。**アンカリング効果とは、最初に見た価格を基準に考えるというもので、高額な買い物をした際に使われます。**

例えば、4000万円の家を買う時は、30万円のキッチンの大理石は4000万円に比べたら大した金額ではないと思ってプラスしてしまうのです。

数百万円の新車を買う時も、数万円のシートのグレードアップやカーナビのオプションを高く感じず追加してしまいます。

一番多いのは結婚式で、お花追加が10万円単位で増殖することに……。人生に一度の晴れ舞台なので、妥協したくない気持ちからオプションてんこ盛りになるのです。

私も結婚式では150万円ほどで済む予定が、見積もりを取ったら300万円を超えていました。

ブーケやバージンロードの花を造花から生花にアップグレードし、お色直しの撮影とドレスが追加になるなど……。

このアンカリング効果には、「中間の値段を選んでしまう」という効果もあります。

ランチに行った時に、980円と1300円のメニューがあったらどちらを選びますか？　多くの人は贅沢を決め込んでない限り980円のメニューにするでしょう。

しかし、980円と1300円と、2000円のメニューがあったらどうでしょう？

ここで多くの人が中間の1300円のメニューを選択します。

これは、2000円というアンカーがつくことで「松竹梅ある場合は竹を選ぶ」心理

効果が働くからです。

結局ここも本当に心から欲しいわけでもなく、**心理学を応用されて財布からお金を抜かれてしまう**のです。

なので、高額な買い物をする時は予算をしっかり決め、見積もりを最低3回は作り直すようにしましょうね。

私も挙式と披露宴の費用は、お花を無くして30万円の削減、お色直しの撮影は現地のカメラマンに依頼して30万円を削減するなど、見直しをして100万円ほど初期の見積もりから下げました。

POINT

高い買い物をする時は見積もりを3回取る

あなたがゴミにしがみつく理由
「保有効果」

「大事なものなので捨てられないよ！」

そうなのです。自分のことだと捨てられないのです……。でも、自分の祖父母や親がそう言って実家をモノだらけにしていたらどう思いますか？　親や祖父母が死んだら自分が片付けることになるのか……と不安になりますよね。

実際、親や祖父母の実家の片付けに子どもたちが苦しんでいます。とても一人ではできませんから結局、片付け業者に50～１００万円ほど払う羽目に！　そんなお金、払いたくないですよね。

どんなに大切にしても、買ったものは最後はゴミです。「死ぬ前に片付けてよ！」と言いたくなりますが、55歳を過ぎた頃から認知機能は衰えますから、これまで片付けができなかった人が急にできるようにはなりません。

そして、私たちは親や他人のことには冷静ですが、**自分のこととなるとモノを捨てられません。これにも「保有効果」という理由があります。**

ノーベル経済学賞を受賞しているダニエル・カーネマン氏の実験をみてみましょう。

Aのグループにはマグカップをプレゼントし、そのマグカップを売るとしたらいくらかと問います。Bのグループにはマグカップはプレゼントせず、このマグカップを買うとしたらいくらかと問います。

結果、Aのグループは7・12ドル。Bのグループは2・87ドルと回答しました。一度マグカップを所有したAグループは、約2・5倍もの価格をつけたのです。

このように、**私たちは一度手に入れたものは他人が思うより過大評価してしまう**のです。だからフリマアプリで安い値段では売りたくないし、捨てるなんてもったいないと思ってしまいます。

しかしそれは錯覚なので、**捨てれば忘れてしまいますよ！** 実際私もモノに執着していましたが、**別居を機に全て手放してから買い戻したものはほとんどありません。**

他人から見たら大して価値のないものにとらわれず手放しましょう。そうすればモノがモノを呼ぶディドロ効果のループからも解放されます。

POINT

捨てられないのは錯覚！

買うより捨てる方がよっぽど大変だと想像しよう

「粗大ゴミを捨てるのがめんどくさい！」

家のモノを片付け始めるとわかりますが、捨てる方が買うよりもよっぽど面倒ですよね。粗大ゴミは特に。ここでは捨て方と今後の買い物の仕方を解説します。

手放し方としては、フリマアプリで5000円以上で売れるモノは出品を検討しましょう。特にスマホなどの家電です。

本は、安いですが売れやすく発送しやすいので出品していいでしょう。数が多い場合は、マカセルなどのフリマ代行アプリを利用すれば、仲介手数料を取られますが代わりに出品から発送まで行ってくれます。私も実家のモノをこれで数十品片付けられました。

安いモノは労力に見合わないので捨ててしまいましょう。

大きなモノも、最近はフリマアプリで梱包・発送作業が不要のサービスが登場して簡単に売れるようになりました。早く引き取って欲しい場合は、ジモティーというアプリを使って0円で出品すれば、早いと数時間で引き取り手が見つかります。出品した商品を欲しい人が家まで取りに来てくれますから、とても楽に片付きますよ。

苦労してモノを手放したあとは、大きいモノはなるべく買わないようになり、燃やせないゴミになるものを買う際は慎重になります。

燃やせるゴミしか買わない、燃やせないゴミは買わない。これが大事です。また、買い物する時は1つ買ったら1つ捨てる1in1out（ワンインワンアウト）にするのもお勧めです！　これで冷静に購入判断をできるようになります。

このようにすると、買う前に捨てることを意識できるようになるので、余計なモノを買わなくなり、部屋にモノが増殖しなくなります。

POINT

燃やせるゴミ以外買わない、1つ買ったら1つ捨てる

モノの支配から解放されて自分の時間を取り戻す

「家にいるだけなのに、あれもこれもやることがいっぱい！」

モノが多いとその管理が発生することを、買う前は意識できません。毛足の長いラグを持っていれば、毎日コロコロをしたり掃除機をかけたりしないといけなくなります。

モノを減らして私が次に気づいたことは、家事が格段に減ったことです。

例えば、敷物を捨てて掃除が楽になりました。今はフローリングの上にクッションフロアを敷いています。ラグと違って見た目や手触りはフローリングに近いのでコロコロは不要です。

クッション性があるものもあるので、子どもやペットがいる家庭にも人気です。今では床掃除は自動で週3回お掃除ロボットを起動するだけです！

しかもお掃除ロボットはニーボットのゴミステーションタイプを使っているので、2、

3ヶ月に一度、溜まったゴミ袋を捨てるだけという快適さを実現しています。

他にも、家では鍋しか作らないので、食器も一人用鍋とスプーン、箸、コップだけにして食器洗いも楽にしました。

洗濯は週に1度コインランドリーに行った後、**ハンガーにかけるだけにして、畳む作業をゼロに。**シワになりにくい服を選ぶことでアイロンがけも不要です。特にお勧めなのがユニクロのクルーネックTシャツ。シワになりづらく埃もつかないので重宝します。

お風呂でのシャンプーやトリートメント、ボディーソープもやめたので、風呂場のぬめりも減りました。**今残っている家事といえば、トイレ掃除とお風呂掃除くらいで、週に合計30分足らずで終わります。トイレの便器の掃除は、内側にジェルを塗るだけ**です。ここまで楽になれば、もうモノの管理に追われる日々には戻れませんね。

POINT

モノを減らすことは支配からの卒業

幸福感が増す「ストレス減少」ループ！

家事が減って時間に余裕ができたら、睡眠時間が増えてストレスが減っていきました。モノがないので部屋も大して散らからず、疲れて帰って、目の前にひどい部屋が飛び込んでくることもありません。

また、モノがあることで生まれる無限の選択肢に迷子になる状態からも解放されました。毎朝コーディネートを考える、モノが見つからずいつも何かしら探している迷子状態から解放され、忙しい朝のイライラや脳の疲れがなくなりました。家庭内での怪我も減りましたね。モノに足の小指をぶつける痛みにもさようならです。

結果、毎日の小さいイライラがなくなるので、甘い物を過度に食べたり、土日に買い物に出掛けてストレス発散をしたりすることもなくなりました。

気持ちと時間に余裕ができたら人は何を始めるかというと、自分磨きです。以前は倒れるまで仕事をして、買い物依存症になっていました。

しかし、モノを捨ててストレスがなくなってからは、ジムに行ったり、ダイエットをしたりするようになり健康体に！　私は今36歳ですが、週3回の本格的なヨガで鍛えているのと健康的な食生活と睡眠のおかげで、20代の頃より体力があり元気ですよ。

このように生活が変化すると、朝ランニングしている人が目についたり、ヨガ仲間ができたり、それまでと見えている世界、出会う人々が変わっていきました。

運動をするとストレスは発散され、夜はぐっすり眠れるように。**部屋だけでなく体も頭もスッキリして、仕事もはかどるのがいいですね。**

こうして鬱気味で買い物依存症や砂糖依存症にはまっていた日々から、明るい健康的な日々になり、モノを買おうという考えがどこかに飛んでいってしまうのです！

POINT

部屋がスッキリすれば、体もスッキリ、頭もスッキリ

健康になると将来のことを考えるようになる

ジムなんて1日何時間も行けませんから、空いた時間で自分の将来について考えるようになります。健康に気をつけているのに早死にしたい人はいませんよね。健康で楽しく長生きするためにどうしたらいいのか模索し始めます。

大抵は、やりたいことをやるためには自由が必要で、自由になるためにはお金が必要という結論に行き着くでしょう。

そうして、お金はどうしたら貯まるのか考えます。まずは目の前の節約から手をつけるのが手っ取り早いので、Chapter1や2で説明した固定費や変動費の節約を行います。私もあらゆる節約を実践し、徹底的にモノを減らして築30年以上の小さい部屋に引っ越してゴールしました。**家賃が半分になり、一気に年間400万円以上貯金ができるように。**

節約に成功すると自信がつきますから、次に、**「忙しいだけで給料も良くない環境を改善できないか」**と考え出します。転職エージェントに相談したり、他の会社で働いている人にどんな働き方なのか聞いたりします。そこで初めて自分がいる業界の成長性、会社による年収の違い、求められているスキルなどに気づきます。

私も転職エージェントの方に自分の将来を一緒に考えてもらいました。**結果、自分の希望通り、年収200万円アップの転職に成功できたのです。**

転職して驚いたのは、転職先では私と同じような節約をしっかりして健康意識も高く、サラダランチを食べる引き締まった体の人々が多かった点です。前の会社では酒、タバコ、肥満が当たり前だったので、働いている人の違いに驚きました。こうして、節約だけでなく、転職にも成功し一層自信がつきました。モノを捨てたことをきっかけに、自分の将来について考え実行し、止まっていた私の世界が回り始めたのです！

POINT

部屋もスッキリ、節約もキッチリ、転職でガッツリ

湧き出すエネルギーで投資や副業に興味が出る

貯まったお金を銀行に預けていても、金利0・001%ではATM利用料で赤字になります。時間と心の余裕ができると、自然と投資でもっと増やしたいと思うようになります。投資に興味を持った私は、改めて投資について勉強しました。以前に、安易に「お金を増やせるかも」と考えて仮想通貨詐欺や不動産投資詐欺に引っかかった手痛い経験があるからです。

投資に絶対はありませんが、安全性が高く、値動きに一喜一憂しなくてもいい投資、コツコツ貯めてじっくり資産を増やしていける方法を検討した結果、本書で紹介した方法の**NISAやiDeCoを利用した「インデックス投資」に行き着きました。**

この投資方法は一度設定すれば、あとはやることがないので、次に投資に回す元本を増やすために副業にチャレンジしようと考えます。

私もせどり（市場価格よりも安く購入した商品を購入額よりも高い値段で販売し、その差額を利益とする副業）やＹｏｕＴｕｂｅにチャレンジし、その過程でたくさんの仲間ができました。朝晩休日は仲間とＺＯＯＭを繋いでひたすら作業をしています。

現在副業4年目ですが、同時に始めた人は月の副業収入が１００万円を超えている人が何人もいます。**副業は自分の工夫と努力次第でどこまでも収入を増やせるので、長い目で見てチャレンジしましょう！**

私はこんな風にして、節約をきっかけに人生が変わっていきました。本書の内容を実践し、節約やモノの整理、貯金が順調に進み始めた人には、止まる理由がありません。変われない人は人生周回遅れです。あなたも人生のアクセルを踏んで駆け抜けて行きましょう！

POINT

投資と副業にチャレンジしたら人生が変わった

おわりに

ここまで読んで、お金を貯める方法や増やす方法って思っていたよりもたくさんあるんだなって思いませんでしたか？

しかし、思っているだけでは何も変わりません。私も実際に離婚で追い詰められて、がむしゃらに試してみた結果、うまくいかなかったこともあるし、うまくいったこともありました。そんな中で、**途中で諦めないで成功するまで続けたからこそ、資産4000万円を達成できた**のです。

振り返れば、20代後半と30代後半の現在ではまるで自分は違う人間のようだなぁと思います。過去の自分はワガママで、いつもイライラして人を嫌な気持ちにさせていました。当時関わった方には、お詫び申し上げます。

現在は困ったことがあれば、自分で調べたり人に尋ねたりして解決できるようになりました。**そうしてお金の不安や、仕事の不安から解消されることで、精神的に落ち着き、ようやく人に優しくなれるようになったと思います。**

本書で一つでも問題を解決できるよう、項目ごとにまとめましたので、困ったことがあれば、その都度見返して、あなたの問題も解決してもらえれば幸いです。

私は「ミニマリストゆみにゃん」というＹｏｕＴｕｂｅチャンネルを配信しているので、是非そちらも見てみてくださいね。動画では、お金や節約、投資に関する情報をたくさん発信しています。コメント欄でご質問いただければ、あなたに回答できます。

さらに、交流会では直接あなたの相談に乗ることもできるので是非お越しくださいね。あなたと同じ状況の仲間もたくさんいて、お互い相談し合える楽しい空間ですよ。

本書をここまでお読みいただいたあなたのために、特典動画と、証券口座の開設方法などをまとめましたので、公式ＬＩＮＥ「＠８４５ｅｋｈｇｕ」を検索して是非受け取ってください！

最後に、本書作成にあたり一緒に悩んでくれた担当の杉山悠さん、そしていつも応援してくれる職場の仲間とＹｏｕＴｕｂｅの視聴者様に感謝を申し上げます。

２０２３年２月　ミニマリストゆみにゃん

Profile

ファイナンシャルプランナー・YouTuber

ミニマリストゆみにゃん

北海道生まれ、東京都・神奈川県育ち。3級 FP 技能士。大学を卒業後、大手ゲームメーカーに入社。7年半付き合った彼氏と結婚するも、マイホーム購入直後に離婚して貯金ゼロに転落。さらに仮想通貨投資詐欺、不動産投資詐欺、恋人にだまされるなどお金を失い続ける。そこから節約＆ミニマリストに目覚め、転職して空いた時間で YouTube にも挑戦。ミニマルライフを生かした節約術や持ち前の論理的思考をもとにお金の増やし方を発信し、チャンネル登録者数は 11 万人を超えている（2023 年 1 月現在）。

YouTube & Twitter【@yuminyan_mini】

オートで月5万円貯まる 魔法の節約術

2023年2月25日　初版発行

著　者　ミニマリストゆみにゃん

発行者　山下直久

発　行　株式会社KADOKAWA
〒102-8177　東京都千代田区富士見2-13-3
電話 0570-002-301（ナビダイヤル）

印刷所　凸版印刷株式会社

● お問い合わせ
https://www.kadokawa.co.jp/（「お問い合わせ」へお進みください）
※内容によっては、お答えできない場合があります。
※サポートは日本国内のみとさせていただきます。
※Japanese text only

定価はカバーに表示してあります。

ISBN 978-4-04-605797-6　C0077